Gesamtgestaltung: Veronika Preisler, München
Lektorat: Stefan Wendel, Lübeck
Druck: GGP Media GmbH, Pößneck

Printed in Germany

ISBN 978-3-451-71617-1

Christian Linker

DIE VERBOTENE MISSION

Mit Illustrationen
von Anna-Lena Kühler

HERDER

FREIBURG · BASEL · WIEN

INHALT

1

BITTE NICHT
SO VIEL DRAMA

„Wir sitzen in der Falle! Gefangen im stickigen Innern des Lieferwagens! Von außen rüttelt der brutale Jens an der Tür, er flucht und schimpft. Drinnen liegen wir fünf vollkommen starr in unserem Versteck und wagen kaum zu atmen. Totale Dunkelheit umfängt uns, denn wir haben die muffigen Decken komplett über unsere Köpfe gezogen. Nur eine einzige falsche Bewegung, und wir sind tot!"

Ich schaute von meinem Aufsatzheft auf und sah, dass sämtliche Kinder gebannt an meinen Lippen hingen.

„Ähm – Ende", sagte ich entschuldigend. „Weiter bin ich noch nicht gekommen."

Die anderen klatschten Beifall.

„Wirklich sehr schön geschrieben, Valentin", lobte Herr Ademi. Doch sein Gesichtsausdruck passte nicht ganz dazu. Ich wartete auf das große „Aber".

„Aber", fuhr Herr Ademi fort, „deine Geschichte geht leider ein bisschen am Thema vorbei. Wolltest du nicht darüber schreiben, wie du mit deinen Freunden ein verlorenes Portemonnaie gefunden und zurückgegeben hast?"

„Eigentlich gehört das mit dazu", murmelte ich.

„Kann es sein, dass da deine Fantasie mit dir durchgegangen ist?", fragte Herr Ademi. „Wenn wir demnächst wieder ausgedachte Geschichten schreiben, kannst du das ruhig ausleben. Aber bei dieser Übung solltet ihr euch an die Tatsachen halten. Beim nächsten Mal bitte nicht so viel Drama, okay?"

„Okay." Ich nickte und versuchte, dabei ganz ernst zu gucken. Herr Ademi konnte natürlich nicht ahnen, dass wir das Abenteuer rund um das Portemonnaie ganz genau so erlebt hatten, wie in meiner Geschichte beschrieben.

Lucy, Su-ri und Nora grinsten mir verstohlen zu. Sie wussten es besser, denn sie waren schließlich live dabei gewesen, versteckt unter den Decken im Lieferwagen des fiesen Jens. Den wir austricksen mussten, damit die reiche Frau Hohenstolz ihr Portemonnaie zurückbekam – das sie übrigens gar nicht verloren hatte, sondern das ihr gestohlen worden war. Seitdem waren wir die Koki-Bande. So nannten wir uns, weil wir alle zusammen in einer Kommuniongruppe waren. Also Lucy und Su-ri und Nora und ich und Paolo, der natürlich auch dazugehörte. Der aber als Einziger jetzt nicht grinste, sondern empört seine Pausbacken aufpumpte und mich wütend anfunkelte.

Später, als wir in der Frühstückspause auf den Schulhof hinausliefen, boxte er mich gegen die Schulter und knurrte: „Bist du total verrückt?"

„Wieso?" Ich kapierte echt nicht, was er meinte.

„Du weißt genau, dass das verboten war, was wir da gemacht haben", sagte er leise und schaute sich verschwörerisch um. „Das war doch unser Geheimnis. Und du plauderst es einfach so aus – ach was, du schreibst es sogar in dein Heft und liest es der ganzen Klasse vor."

„Keine Sorge, das glaubt sowieso niemand", entgegnete Lucy an meiner Stelle. Sie hatte sich mit Su-ri und Nora zu uns gesellt. „Alle denken, dass es eine ausgedachte Geschichte ist."

„Trotzdem", brummte Paolo. „Ich will nicht, dass irgendjemand misstrauisch wird."

„Wer sollte denn misstrauisch werden?", fragte Nora.

Und Su-ri machte Herrn Ademis Stimme nach, als sie jetzt zu Paolo sagte: „Bitte nicht so viel Drama."

Also ich persönlich hätte gegen ein bisschen Drama nichts einzuwenden gehabt. Oder gegen ein neues Abenteuer. Immerhin waren wir eine richtige Bande: die mutige Lucy und die verrückte Nora, die schlaue Su-ri und der feinfühlige Paolo.

Und ich, der so gern Geschichten erzählt. Wobei ich zugeben muss, dass uns zu einer wirklich richtigen Bande noch ein Hund fehlte oder meinetwegen eine Katze oder ein Papagei. Immerhin hatten wir eine Katechetin, nämlich Magdalena, eine Studentin, die unsere Kommuniongruppe leitet. Denn wir fünf gehen nicht nur zusammen in die Schule, wir treffen uns auch jeden Dienstagnachmittag zur Gruppenstunde mit Magdalena und bereiten uns auf den großen Tag vor: die Kommunionfeier im nächsten Frühling.

„Ich seh da aber gerade wirklich jemanden, der ziemlich misstrauisch guckt", flüsterte Paolo jetzt. „Er beobachtet uns. Guckt nicht hin!"

Natürlich guckten wir alle hin.

„Meinst du etwa Luiz?", fragte Nora.

„Nicht so auffällig", schimpfte Paolo.

Tatsächlich schaute Luiz verstohlen zu uns rüber. Er stand an die Hofmauer gelehnt, die Hände in den Hosentaschen vergraben, und interessierte sich weder für das Fußballgekicke noch den wilden Rundlauf um die Tischtennisplatte oder das Gewusel der Erstklässler, die Jungs-fangen-die-Mädchen spielten. Er tat nichts, sprach mit niemandem, ließ bloß die Blicke aus seinen dunklen Augen über den Hof wandern. Mit anderen Worten: Er tat, was er während der großen Pause immer tat. Also eigentlich nichts Ungewöhnliches. Allerdings hatte Paolo recht. Immer wieder fixierte Luiz uns fünf und sah dabei ein bisschen so aus, als müsse er angestrengt nachdenken.

„Ach, das hat bestimmt nichts zu bedeuten", meinte ich. „Der ist doch sowieso total komisch. – Aua!"

Lucy hatte mich gegen das Schienbein getreten. Ich wusste sofort, warum. „Ja, sorry", murmelte ich.

Bis vor Kurzem hatte ich nämlich auch Nora immer als „komisch" bezeichnet. Das war, bevor sie zu unserer Gruppe dazugekommen war und bevor wir mit unserem ersten Abenteuer die Koki-Bande gegründet hatten. Ich hätte eigentlich längst kapiert haben sollen, dass man Leute nicht als komisch bezeichnet, wenn man sie überhaupt nicht kennt. Es fiel mir trotzdem schwer.

Und ganz ehrlich: Luiz war wirklich komisch. Ganz anders komisch, als ich Nora früher komisch gefunden hatte. Denn mit Nora hatte ich zwar früher nichts zu tun gehabt und sie nichts mit mir, aber sie war ja schon immer mit Lucy befreundet gewesen. Doch Luiz hatte keine Freunde, nicht einen einzigen. Und wollte angeblich auch keine. Er sprach mit niemandem, spielte nirgends mit. Paolo hatte ihn trotzdem letztes Jahr zu seinem Kindergeburtstag eingeladen, aber Luiz war nicht gekommen. Er hielt sich von allen fern und blieb für sich allein. Umso rätselhafter schien es, dass er sich jetzt, als der Gong das Ende der Pause verkündete, von der Mauer löste und langsam auf mich zukam.

Während die anderen schon reingingen, wollte ich schnell noch zum Klo. Luiz fing mich vor der Tür ab.

„Du …", begann er und räusperte sich. „Du hast doch vorhin von dieser reichen Frau erzählt, die das Portemonnaie verloren hatte."

„Frau Hohenstolz?"

„Genau. Und du sagtest, dass sie wirklich sehr, sehr reich wäre. Und sehr, sehr unfreundlich."

„Ja?"

„Und dass ihr dieses riesige Haus auf der anderen Seite vom Park gehört?"

„Ja, aber wozu willst du das wissen?"

„Nur so." Damit drehte er sich um, ließ mich stehen und flitzte durch die Eingangstür ins Schulgebäude.

Ich runzelte die Stirn. *Komisch* war ja gar kein Ausdruck. In mir machte sich ein Verdacht breit. Ich lief schnell zum Toilettentrakt, der in einem Nebengebäude untergebracht ist, und beeilte mich anschließend, wieder in die Klasse zu kommen.

„Sorry, war noch aufm Klo", murmelte ich.

„Man geht *in* der Pause zur Toilette", tadelte Herr Ademi, „nicht *nach* der Pause. Das erklären wir immer den Erstklässlern. Im dritten Schuljahr sollten das eigentlich alle verstanden haben."

Ja, schon gut, bitte nicht so viel Drama, dachte ich. Aber das sagte ich natürlich nicht, sondern nickte nur brav und setzte mich. Auf Mathe konnte ich mich allerdings nicht konzentrieren. Stattdessen gingen mir die seltsamen Fragen von Luiz durch den Kopf. Ich hätte gern sofort mit den anderen darüber gesprochen, aber da musste ich bis zur Mittagspause warten.

Als es endlich so weit war und ich mit Paolo und Lucy, Su-ri und Nora an unserem angestammten Tisch im Essensraum saß, platzte ich heraus: „Ich muss euch was total Krasses erzählen!"

„Ich auch", brummte Paolo. „Ich muss euch nämlich sagen, dass in Spaghetti Carbonara keine Sahne gehört."

„Dafür schmeckt es dir aber ziemlich gut." Lucy grinste.

Paolo hatte seine Portion schon fast zur Hälfte weggeputzt, während wir anderen noch damit beschäftigt waren, unsere Teller, Besteck, Servietten und Nachtischschälchen zu sortieren.

„Ich sage nicht, dass es nicht lecker ist", nuschelte er kauend. „Falsch ist es trotzdem."

„Aha, vielen Dank für diese wichtige Information", sagte Su-ri, dann sah sie zu mir. „Und was wolltest du dazu beisteuern?"

„Was? Ich? Unsinn. Mir geht es um was ganz anderes." Ich senkte die Stimme. „Ich glaube, Luiz will bei Frau Hohenstolz einbrechen."

„Quatsch", rief Nora.

Und Lucy musste sich vor Lachen die Hand vor den Mund halten, um nicht ihre Nudeln über den Tisch zu prusten. „Wie kommst du denn auf so was?"

Ich berichtete von dem kurzen, rätselhaften Gespräch auf dem Schulhof.

Paolo verdrehte die Augen. „Du witterst schon wieder ein Verbrechen."

„Na und?", gab ich zurück. „Als ich das letzte Mal was gewittert hab, stimmte es schließlich. Was, wenn ich diesmal wieder richtig liege?"

„Dann müssten wir Frau Hohenstolz warnen", meinte Nora.

Su-ri winkte ab. „Leute falsch zu verdächtigen

ist *eine* Sache. Aber das dann auch noch herumzuerzählen ist was ganz anderes – nämlich gemein."

„Und wenn es kein falscher Verdacht ist?", bohrte ich nach.

Lucy legte ihre Gabel aus der Hand und verschränkte die Arme. „Ganz egal, was Luiz denkt oder tut – ich werde niemals wieder zu dieser Frau Hohenstolz gehen."

Die anderen schienen dasselbe zu denken, sie nickten nachdrücklich.

Und das verstand ich, mir ging es ja ähnlich. Als wir der alten Frau das Portemonnaie zurückgebracht hatten, hatte sie uns bloß angemeckert und uns mit einem mickrigen Finderlohn abgespeist sowie mit einer Packung ekliger Schnapspralinen.

„Okay, okay", sagte ich, „schon kapiert. Aber jetzt mal ehrlich, Leute. Wenn mein Verdacht wirklich falsch ist und Luiz absolut nicht dran denkt, die doofe Frau Hohenstolz zu beklauen – welcher andere Grund fällt euch dafür ein, dass er mich vorhin nach ihr ausgefragt hat?"

Schweigen.

Statt einer Antwort drehten die anderen ihre Köpfe und sahen hinüber zu Luiz, der wie immer allein in einer Ecke saß und lustlos die Gabel in seinem Teller drehte.

„Tja", meinte Paolo schließlich. „Vielleicht werden wir das nie erfahren." Er stand auf und nahm seinen leeren Teller. „Ich hol mir noch 'ne Portion. Soll ich jemandem was mitbringen?"

„Ja, ein paar Redstones wären gut", meinte ich.

Er sah mich verwirrt an, doch dann grinste er breit und hob den Daumen. „Alles klar. Mach ich direkt nach der Schule."

2

ANGRIFF
AUS DEN BÜSCHEN

Paolo und ich hatten das Zocken entdeckt und schnappten uns direkt nach der Schule unsere Geräte. Also jeder bei sich zu Hause. Ich in meinem Zimmer und er in seinem. Trotzdem sahen wir uns gegenseitig als eckige Männlein durch eckige Welten laufen. Über Kopfhörer und Mikro konnten wir uns unterhalten. Gemeinsam bauten wir an einer riesigen unterirdischen Achterbahn. Aber irgendwie fehlte mir heute die Lust dazu.

„Ich denke immer noch an Luiz", sagte ich. „Weißt du, was wir machen sollten? Ihn ein bisschen beschatten."

„Du willst doch nur wieder Detektiv spielen", meinte Paolo.

„Na und? Das ist spannend und tut keinem weh."

„Kann schon sein. Da gibt es nur ein klitzekleines Problem. Niemand weiß, wo Luiz wohnt."

„Ha", machte ich. „Das lässt sich ganz leicht ändern. Warte kurz."

Ich nahm mein Headset ab, sprang auf und lief in die Küche, wo mein Vater am Ecktisch über sein Laptop gebeugt saß. Seit einer Weile arbeitete er zweimal pro Woche im *Homeoffice*, so hieß das, wenn er nicht ins Büro fuhr, sondern stattdessen am Küchentisch zugange war.

„Hey, Valentin, das Internet ist schon wieder so langsam", sagte er, ohne von seinem Bildschirm aufzuschauen. „In zehn Minuten musst du leider eine Spielpause einlegen. Da hab ich eine Videokonferenz und brauche eine stabile Leitung."

„Na toll", brummte ich. „Weißt du, wo die Klassenliste ist?"

„Die wird wohl irgendwo am Kühlschrank hängen", meinte er und tippte auf seiner Tastatur herum.

Die Kühlschranktür war mit allen möglichen Notizzetteln, Briefen und anderen Papieren tapeziert, die mit Magneten befestigt waren und aus mehreren Schichten bestanden. Die Stundenpläne von meinem großen Bruder Jakob und mir, Trainingszeiten, Einkaufsliste, Telefonnummern, Einladung zum Elternsprechtag, Termine der Müllabfuhr, Flyer für ein Kinderzeltlager, Neuigkeiten aus der Pfarrgemeinde … In einer der unteren Schichten fand ich die Klassenliste. Vierundzwanzig Namen und jeweils Straße und Hausnummer, Telefonnummer, Mail-Adressen der Eltern, Handynummern der Eltern; schön sortiert nach „Handy Mutter" und „Handy Vater", bei manchen Kindern gab es statt „Handy Vater" auch „Handy Oma" oder so was und bei Lucy als Einziger zweimal „Handy Mutter". Aber nicht, weil Lucys Mutter zwei Handys hat, sondern weil Lucy zwei

Mütter hat. Nur Luiz schien niemanden zu haben. Keine Mutter, keinen Vater, keine Oma, keine Handy- oder Festnetznummer, nicht mal eine Straße. Nur sein Name: Luiz Ramirez. Und darunter nichts als eine einsame E-Mail-Adresse, die aber keinen Sinn ergab. Vor dem @-Zeichen stand nicht Ramirez und auch sonst nichts, was wie ein Personenname aussah, sondern nur ein Wust aus Buchstaben und Zahlen, als wäre es ein Geheimcode. Das war mir noch nie aufgefallen.

Luiz wurde ja immer verdächtiger!

„Sag mal, Papa …“

„Hm?“

„Kennst du eigentlich die Eltern von Luiz?“

„Wer ist Luiz?“

„Luiz Ramirez. Aus meiner Klasse.“

„Nein, ich glaube nicht.“ Er runzelte die Stirn. „Jedenfalls waren die noch nie beim Elternabend, soweit ich mich erinnern kann.“

„Krass“, sagte ich und lief zurück in mein Zimmer.

„Acht Minuten“, rief mein Vater hinter mir her. Ich fummelte das Headset wieder über meine

Ohren und flüsterte: „Paolo, du hast recht, es weiß wirklich niemand, wo Luiz wohnt."

„Sag ich ja."

„Aber das ist doch total merkwürdig. Die Mail-Adresse auf der Klassenliste sieht wie ein Code aus. Kann es vielleicht sein, dass er ein – na ja – Geheimagent ist?"

Paolo schüttelte sich vor Lachen. Das konnte ich zwar nicht sehen, weil sein Skin, also seine Spielfigur, bloß reglos dastand. Aber es hörte sich jedenfalls so an.

„Warum denn nicht?", protestierte ich. „Ich kenne jede Menge Bücher über Kinder, die heimlich als Agenten arbeiten."

„Ja, ich kenne auch Bücher über Orks und Drachen und Außerirdische", entgegnete er.

„Aber es wäre die allerlogischste Erklärung für alles", beharrte ich. „Er ist sehr klug, er hat nur Einsen und Zweien. Davon abgesehen wissen wir nichts über ihn. Nichts über seine Familie, seine Hobbys, er redet mit niemandem. Und dann diese rätselhafte Mail-Adresse. Fällt dir eine Erklärung ein, die logischer ist als meine?"

Paolo schwieg.

Das nahm ich als Zeichen, dass er mir zustimmte.

Schließlich sagte er: „Wenn wir nicht wissen, wo er wohnt, können wir ihn schlecht beschatten. Jedenfalls nicht mehr heute. Wir müssten ihm nach der Schule unauffällig folgen. Also frühestens morgen. Aber da geht es ja auch nicht."

Nee, morgen ging es nicht, denn heute war Montag und dienstags haben wir Kommunionstunde mit Magdalena. Doch da kam mir eine Idee.

„Ha", sagte ich. „Wenn er es wirklich auf Frau Hohenstolz abgesehen hat, brauchen wir seine Adresse gar nicht. Denn wo die alte Frau wohnt, wissen wir schließlich. Wir könnten uns bei ihr auf die Lauer legen und warten, ob Luiz auftaucht."

„Das bringt doch nichts", meinte Paolo.

„Noch drei Minuten!", rief mein Vater aus der Küche.

„Du, ich muss gleich Schluss machen", sagte ich. „Mein Vater hat Angst, dass das Netz bei seinem Meeting zusammenbricht. Also … ich fahre einfach mal hin. Zur Villa von Frau Hohenstolz. Kannst ja überlegen, ob du nicht doch mitkommst und mir hilfst. "

„Dir dabei helfen, wie du sinnlos in der Gegend herumstehst?", fragte er zweifelnd. Dann seufzte er tief. „Okay, von mir aus. Weil du mein Freund bist. "

„Letzte Minute!", rief mein Vater.

Da war ich bereits im Flur und schlüpfte in meine Schuhe. „Papa, kann ich mit Paolo in den Park?"

„Na klar." Jetzt hatte er doch einmal von seinem Laptop aufgeblickt. „Toll, dass ihr zur Abwechslung mal draußen spielt. Das Wetter ist ja auch prima. Frische Luft tut euch gut. "

„Okay, bis später dann." Ich zog mir die Jacke über und wollte aus der Wohnung ins Treppenhaus stürmen.

„Warte mal", sagte mein Vater, „eine Frage. Kann ich mir dein Headset ausleihen?"

Ich musste grinsen. „Klar", meinte ich. „Aber hinterher bitte unaufgefordert zurückbringen. "

Worum er mich sonst immer bei allen möglichen Dingen bat.

„Jawohl, mein Herr." Er lachte. „Und du bist bitte um halb sieben wieder da, okay?"

Ich nickte und zischte ab. Mein Vater lieh sich ständig mein Headset aus, weil meines einfach viel besser war als seines. Und er verbrachte auch viel mehr Zeit vor dem Bildschirm als Jakob und ich, trotzdem wurden wir immer deswegen kritisiert, er nie. Typisch Erwachsene.

Ich holte mein Fahrrad aus dem Keller und düste durch unser Stadtviertel, vorbei an unserer Kirche und quer durch den Park. Das bunte Herbstlaub wirbelte in der goldenen Nachmittagssonne um mich herum.

Das riesige Haus von Frau Hohenstolz lag still und fast ein bisschen einsam an der Straße, die den Park auf der Rückseite begrenzte. Hinter der hohen Hecke war es mehr zu erahnen als zu sehen. Ich hielt an und schaute mich um. Was für eine blöde Idee von mir. Sollte ich mich jetzt in den Büschen dort drüben verstecken und auf das Gartentor starren, bis es Zeit fürs Abendessen wurde?

Doch dann kniff ich die Augen zusammen und guckte genauer hin. Etwas bewegte sich! In den Büschen.

Ich stieg vom Bike und ging auf die Stelle zu. Langsam und unauffällig, und ich schaute extra in die andere Richtung, um so zu tun, als hätte ich nichts bemerkt. Darum erschrak ich umso doller, als plötzlich jemand vor mir auf den Gehweg sprang. Vor Schreck zuckte ich zusammen.

„Buh!", rief Paolo und lachte. „Hab ich dich."

„Boah", machte ich. „Was soll das?"

„Da staunst du, was?", meinte er.

Ich staunte tatsächlich. Paolo wohnt zwar viel näher am Park als ich, trotzdem musste er ziemlich schnell unterwegs gewesen sein, um vor mir anzukommen.

„Wo ist dein Rad?", fragte ich.

„Hab ich natürlich versteckt."
Er deutete mit dem Daumen über die Schulter zu den Büschen.

„Sonst hätte ich dich nicht so schön erschrecken können. Ich hole es."

Er ging hinüber und verschwand im Unterholz. Plötzlich hörte ich seinen erstaunten Ausruf: „Hey, was machst du denn hier?"

Ich wollte zu ihm rennen und wäre fast mit einem Jungen zusammengeprallt. Aber nicht mit Paolo.

„Luiz!", rief ich erstaunt.

„Hallo", brummte er, schob sich an mir vorbei und ging die Straße hinab.

Paolo schob sein Rad aus dem Gehölz und starrte mich an.

„Das gibt's doch nicht", sagte er.

„Anscheinend doch", erwiderte ich triumphierend. Aber eigentlich hatte ich keinen Grund, einen auf Besserwisser zu machen. Ehrlich gesagt hatte ich genau so wenig wie Paolo damit gerechnet, dass Luiz hier auftauchen würde.

„Und jetzt?", fragte Paolo.

„Na, hinterher", sagte ich. „Aber unauffällig."

Wir schwangen uns auf die Räder. Luiz schaute sich zu uns um und lief schneller, dann verschwand

er um eine Ecke. Wir folgten ihm bis zur Kreuzung und sahen ihn in einer Nebenstraße verschwinden. Also traten wir in die Pedale, bremsten vor der Abzweigung scharf ab und spähten ihm hinterher. Er glaubte anscheinend nicht, dass wir ihm folgen würden, jedenfalls blickte er sich nicht noch einmal um. Er rannte den ganzen Weg mit gesenktem Kopf und schien sich sehr gut auszukennen.

Ich hingegen hatte schon bald keine Ahnung mehr, wo wir waren. In diesem Viertel war ich noch nie gewesen: Die Häuser wirkten heruntergekommen und tiefe Schlaglöcher auf dem Gehweg rüttelten unsere Fahrräder durch.

Wir hielten immer so weit Abstand, dass wir Luiz gerade noch im Auge hatten. Schließlich hielt er vor einem Haus an, wo er, völlig außer Puste, an ein Fenster klopfte. Kurz darauf öffnete sich die Tür, und er schlüpfte hinein.

Paolo und ich ließen schweigend eine Minute verstreichen, vielleicht auch zwei, bevor wir langsam auf unseren Rädern auf das Haus zurollten. Es hatte drei Stockwerke. Die Fensterscheiben waren staubig, die Vorhänge dahinter zugezogen.

An der Haustür gab es drei Klingelknöpfe mit Namensschildern.

Alle Namensschilder waren leer. Als wohnte dort gar niemand.

3

DER JUNGE,
DER NICHT EXISTIERTE

Am nächsten Morgen passten wir Lucy, Su-ri und Nora am Schultor ab und berichteten ihnen von unserer Verfolgungsjagd. Und davon, wie wir uns für den Rückweg durchfragen mussten, bis wir endlich wieder beim Park ankamen, wo wir uns auskannten. Ein ganz schönes Abenteuer, fand ich.

Leider ernteten wir nicht die erhoffte Bewunderung.

„Ihr habt ihm bestimmt Angst eingejagt", sagte Nora.

„Warum habt ihr nicht einfach mit ihm geredet?", fragte Lucy.

Nur Su-ri meinte: „Dass da nicht mal ein Name an der Tür steht, finde ich aber auch seltsam."

„Psst", machte Paolo. „Da kommt er."

Schultasche auf dem Rücken und eine Basecap auf dem Kopf lief Luiz genauso seltsam vorgebeugt wie gestern, als wir hinter ihm her gewesen waren.

Lucy stemmte die Hände in die Hüften. „Schluss mit dem Versteckspiel und Rätselraten! Wir fragen ihn einfach."

„Nein, warte", bat Paolo.

Doch Lucy winkte ab und ging Luiz ein paar Schritte entgegen.

Der blieb erschrocken stehen. „Was willst du von mir?" Er musterte erst sie, dann uns andere. „Was wollt ihr alle denn von mir?"

„Wir haben uns gefragt, warum du dich gestern im Gebüsch vor dem Haus der alten Frau Hohenstolz versteckt hast", sagte Lucy. „Und

warum du dann vor Valentin und Paolo abgehauen bist."

„Ich bin gar nicht abgehauen", gab er zurück.
„Ich bin einfach nur spazieren gegangen."

„Das war aber schon ein merkwürdiger Zufall", meinte ich. „Nachdem du mich in der Pause
nach Frau Hohenstolz ausgefragt hast."

„Hab ich gar nicht!", rief Luiz. Plötzlich bebten
seine Lippen.

Ich rechnete damit, dass er gleich in Tränen aus-
brechen würde, doch er lief einfach los und rannte durchs Tor auf den Schulhof. Wir wollten ihm
nach, da baute sich plötzlich Herr Ademi vor uns
auf.

„Was ist hier los?"

„Wir wollten nur mit Luiz reden", sagte Paolo.

„Er aber offensichtlich nicht mit euch", brummte unser Lehrer. „Also lasst ihn in Frieden."

„Aber er ist so …", setzte ich an.

„Was?", blaffte Herr Ademi. Es klang gar nicht nach einer Frage.

Wir guckten betroffen zu Boden, und ich bekam ein schlechtes Gewissen, ohne dass ich genau begriff, warum.

„Ich möchte, dass ihr nett zu ihm seid", sagte Herr Ademi und klang jetzt etwas versöhnlicher. „Und wenn er seine Ruhe haben will, dann lasst sie ihm bitte. Ich bin froh, dass er überhaupt zur Schule kommt. Und ich will nicht, dass ihr ihn vergrault. Haben wir uns verstanden?"

„Aber …", wollte Su-ri widersprechen.

„Verstanden?", wiederholte Herr Ademi.

„Klar." Wir nickten alle fünf.

Und weil Herr Ademi nicht nur der netteste, lustigste und sowieso beste Lehrer unserer Schule ist, sondern auch der strengste – jedenfalls wenn ihm eine Sache wirklich wichtig ist –, gehorchten wir und ließen Luiz für den Rest des Tages in

Frieden. Das war nicht weiter schwer, denn Luiz hielt sich von uns fern.

Doch als wir am Nachmittag das Jugendheim neben der Kirche betraten, beschäftigte uns das Thema immer noch. Magdalena hatte bereits die Stühle im Kreis aufgestellt und in der Mitte ein wallendes blaues Tuch ausgebreitet. Wie ich sie kannte, sollte das wieder mal ein Symbol für irgendwas sein. Vermutlich für das Meer, denn darauf lag ein riesiger Plüschwal. Daneben die große Kinderbibel. Und auf der stand eine Playmobilfigur.

„Fandet ihr die Bemerkung von Herrn Ademi nicht auch komisch?", fragte Su-ri.

„Dass wir Luiz in Frieden lassen sollen?", fragte Nora zurück. „Oder was meinst du?"

„Nein, sondern wie er heute Morgen sagte, er wäre froh, dass Luiz überhaupt zur Schule kommt. Das ist doch total seltsam. Schließlich gibt es Schulpflicht. Niemand kann sich das aussuchen.“

„Selbst wenn die Eltern einen nicht zur Schule schicken würden, müsste man trotzdem hin?“, fragte Paolo.

Wie auf Kommando schauten alle zu Magdalena. Sie ist schließlich schon eine richtige Erwachsene und kennt sich mit solchen Sachen aus.

„Ich weiß zwar nicht, worüber ihr da diskutiert“, sagte sie, „aber ja: In Deutschland herrscht Schulpflicht. Alle Kinder müssen in die Schule, selbst wenn die Eltern das nicht wollen.“

„Und genau das ist ja das Komische“, beharrte Su-ri. „Herr Ademi klang so, als könnte Luiz sich aussuchen, ob er kommt oder nicht.“

„Vielleicht hat er sich nur blöd ausgedrückt“, meinte Lucy.

„Nein, nein“, widersprach ich. „Das ist alles Teil eines großen Rätsels. Luiz ist das rätselhafteste Kind, dem ich je begegnet bin.“ Okay, ich bin jetzt auch noch nicht so wahnsinnig viel in der Welt herumgekommen. Aber es war nun mal so.

„Und außerdem“, sagte ich, „habt ihr euch noch

nie gefragt, warum Luiz kein Kommunionkind ist?"

„Vielleicht ist er ja auch einfach evangelisch?", meinte Lucy. „Oder muslimisch oder jüdisch oder er glaubt an das fliegende Spaghettimonster. Wie kommst du auf die Idee, dass Luiz katholisch sein müsste?"

„Paolo hat doch mal gesagt, dass Luiz Spanier ist. Und mein Bruder hat mal gesagt, dass alle Spanier katholisch sind. Deshalb."

Magdalena lachte. „Das ist vermutlich ein Klischee."

„Was ist ein Klischee?", fragte Nora.

„Ein Vorurteil", erklärte Su-ri.

„Und ich hab nie gesagt, dass Luiz Spanier ist", widersprach Paolo. „Ich hab nur gesagt, dass er Spanisch kann. Weil ich in seinem Geschichtenheft gesehen habe, dass er auf Spanisch schreibt."

„Seit wann kannst du Spanisch?", fragte Lucy.

„Kann ich gar nicht. Aber Italienisch. Und Spanisch hat viele Ähnlichkeiten. Aber auch Unterschiede. Zum Beispiel die umgedrehten Fragezeichen …"

„Okay, okay." Magdalena hob die Hände, um für Ruhe zu sorgen. „Eigentlich hatte ich mir für den Beginn dieser Gruppenstunde ein Spiel überlegt. Aber ich merke, dass ihr mal wieder mit wichtigeren Themen beschäftigt seid. Das geht anscheinend vor. Also, erzählt mal, worum es geht."

Und wir erzählten alles, was wir wussten. Das war gar nicht viel. Oder, um ehrlich zu sein, überhaupt nichts.

„Ihr kennt euren Mitschüler im Grunde also kein bisschen, aber ihr traut ihm die schlimmsten Dinge zu", fasste Magdalena schließlich zusammen. „Hab ich das so weit richtig kapiert?"

Wir schauten bedröppelt drein.

Lucy sagte: „Vielleicht sollten wir einfach mal in Ruhe mit ihm reden."

Paolo winkte ab. „Haben wir doch versucht."

„Na, so wie ihr es mir geschildert habt", wandte Magdalena ein, „war das eher ein Verhör als ein Gespräch."

„Und wenn wir ihn mal fragen, ob er auch ein Kommunionkind sein möchte?", überlegte Nora.

„Vielleicht hat er genau wie wir die Einladung gekriegt – und hat sich nicht getraut, sich anzumelden." Leise setzte sie hinzu: „So wie ich am Anfang."

„Coole Idee", meinte Lucy. „Aber wie kriegen wir raus, ob er wirklich so eine Einladung bekommen hat?"

Su-ri sah Magdalena an. „Weißt du das vielleicht?"

„Nein. Aber ich kann mich ja eben mal erkundigen." Sie stand auf. „Ich glaube, Frau Natsiri ist noch im Pfarrbüro. Ich gehe kurz rüber. Und ihr könntet währenddessen schon mal die Geschichte von Jona und dem Wal lesen." Sie zeigte auf die Kinderbibel in der Mitte des Stuhlkreises, dann ließ sie uns allein.

Ich schnappte mir das dicke Buch und schlug es an der Stelle auf, wo das Lesebändchen zwischen den Seiten lag. „Ich lese dann mal vor, okay?" Wenn es irgendwo was zum Vorlesen gibt, bin ich nämlich immer der Erste, der sich meldet.

„Du liest doch immer vor", sagte Lucy. „Will nicht mal jemand anders?"

„Pff", machte ich, klappte die Bibel wieder zu und hielt sie Nora hin. „Willst du?"

„Nee, ich mach das nicht so gerne."

„Sonst irgendwer?", fragte ich in die Runde.

Su-ri meinte: „Lucy hat recht, alle sollten mal drankommen. Ist doch total egal, ob manche besser vorlesen können als andere. Wozu sind wir schließlich eine Bande?"

„Na gut", murmelte Nora, nahm das Buch und schlug es wieder auf.

Stockend und so leise, dass man es kaum verstehen konnte, trug sie die Geschichte vom Propheten Jona vor. Gott wollte diesen Jona in die Stadt Ninive schicken, damit er den Leuten dort mal so richtig die Meinung sagte, denn die waren alle ziemlich böse. Jona mochte diesen Auftrag aber nicht, stattdessen versuchte er, mit einem Schiff abzuhauen. Dummerweise kam ein Sturm auf, und er wurde ins Meer geworfen und von einem Wal verschlungen, in dessen Bauch er drei Tage festsaß, bis der ihn ausspuckte.

Paolo kniete sich auf den Boden und spielte die Geschichte mit dem Plüschwal und der Playmobilfigur nach, wobei er ziemlich echt klingende Kotzgeräusche von sich gab. Wir mussten alle lachen, auch Nora, und seltsamerweise las sie von da an lauter und flüssiger.

Der Prophet Jona erfüllte danach nun doch seinen Auftrag, ging nach Ninive und erklärte den Leuten, dass Gott ihre Stadt zerstören würde, wenn sie sich nicht besserten. Anders als Jona gedacht hatte, hörten die Leute tatsächlich auf, böse zu sein, und so wurde die Stadt am Ende doch nicht zerstört. Worüber Jona verrückterweise sauer war. Er hätte wohl gern zugeguckt, wie die ganze Stadt unterging. Na ja, nicht alle Geschichten in der Bibel sind logisch. Oder jedenfalls nicht auf den ersten Blick.

Nora war richtig außer Puste, als sie die Geschichte beendet hatte und das Buch wieder weglegte. Ihre Wangen waren gerötet. Ich glaube, irgendwie fand sie es doch gut, dass sie vorgelesen hatte und nicht ich. Und ich, na okay, ich fand es auch gut.

„Hey, Koki-Bande." Magdalena kam zurück. „Habt ihr die Geschichte gelesen?"

„Nicht nur das", antwortete Paolo und winkte mit der Playmobilfigur.

„Und du?", fragte Su-ri. „Hast du was rausbekommen?"

„Nur, dass es in unserer Gemeinde keinen Luiz Ramirez gibt. Und auch sonst niemanden mit diesem Nachnamen." Sie setzte sich wieder. „Das muss natürlich nichts bedeuten. Nur halt, dass er und seine Familie nicht im Register der Pfarrei eingetragen sind."

„Es hätte mich auch gewundert", murmelte ich.

„Nirgends hinterlässt Luiz irgendwelche Spuren. Als würde er gar nicht existieren."

4

WIR KÖNNEN SCHWEIGEN

Es kommt ja vor, dass Kinder, die sich einsam fühlen, einfach einen Freund erfinden. Hab ich jedenfalls mal gehört. Der Freund hat dann sogar einen Namen, und die Kinder erzählen von ihm, von gemeinsamen Erlebnissen und so. Nur kriegt man diesen besonderen Freund niemals zu Gesicht, weil er eben nicht echt, sondern nur ausgedacht ist.

Bei Luiz kam es mir genau umgekehrt vor. Er lebte, er lief durch die Stadt oder über den Schulhof, er saß zwei Reihen vor mir im Unterricht – und doch schien es ihn irgendwie nicht zu geben.

Inzwischen waren auch die anderen so neugierig geworden, dass wir alle fünf uns nach dem Ende der Gruppenstunde auf unsere Räder schwangen und zu ihm fuhren. Ich hätte den Weg vermutlich alleine nicht wieder gefunden, aber Paolo verfügt über einen fantastischen Orientierungssinn. Wie im Schlaf lotste er uns durch die Straßen, bis wir schließlich wieder vor dem heruntergekommenen Haus ohne Namen auf den Klingelschildern standen.

Nora kratzte sich am Kopf. „Und jetzt? Wo sollen wir klingeln? Einfach auf alle Knöpfe drücken und gucken, wer uns aufmacht?"

„Gestern hat Luiz einfach da geklopft", sagte Paolo und zeigte auf das erste Fenster rechts neben der Tür.

Hinter den Scheiben war genau wie gestern ein blickdichter Vorhang zugezogen.

„Ich weiß nicht …", meinte ich.

„Ich aber", sagte Lucy, stellte sich auf die Zehenspitzen und pochte gegen die Scheibe.

Nichts geschah.

„Na ja, wir haben es jedenfalls versucht." Ich wollte mich schon wieder aufs Rad schwingen. Irgendwie war es mir plötzlich unangenehm, obwohl das alles hier ja eigentlich mal wieder von mir ausgegangen war. Oder gerade deswegen.

Aber niemand reagierte auf mich. Lucy klopfte noch einmal. Da bewegte sich der Vorhang, und das Gesicht einer Frau erschien. Ein sehr grimmiges Gesicht. Kurz musterte sie uns, dann machte sie eine wedelnde Handbewegung, als wolle sie uns verscheuchen. Der Vorhang wurde wieder vors Fenster gezogen.

An irgendwen erinnerte mich die Frau, ich kam nur nicht drauf. Vielleicht ja an Luiz, denn vermutlich war sie seine Mutter.

Bevor jemand von uns was sagen konnte, klopfte Lucy zum dritten Mal und rief: „Hallo, da drinnen! Wir wollen nicht stören, wir wollen nur kurz mit Luiz reden. Geht das?" Pause. Dann setzte Lucy hinzu: „Wir wollen uns entschuldigen."

Ach, wollten wir das? Paolo und ich tauschten fragende Blicke.

Eine Weile geschah wieder nichts, dann öffnete sich die Haustür, und Luiz kam heraus.

„Hey …", sagte er leise. Es klang ein bisschen vorwurfsvoll. Er sah Paolo an, dann mich. „Ihr habt mich ausspioniert."

„Also, so würde ich das nicht bezeichnen", entgegnete ich.

„Wir waren heute Morgen doof zu dir", sagte Lucy. „Das tut uns leid. Es ist einfach nur so, dass wir uns Sorgen um dich machen."

„Sorgen?" Seine Augen weiteten sich. „Um mich?"

„Uns ist aufgefallen, dass wir überhaupt nichts von dir wissen", erklärte Nora. „Und da wollten wir dich fragen, ob du vielleicht Lust hast, ein Kommunionkind zu werden, also wenn du …"

Ohne jede Vorwarnung füllten sich seine Augen mit Tränen.

„Es war nur", stammelte ich, „weil wir uns so gewundert haben über deine Fragen gestern, nach der Villa von Frau Hohenstolz und …"

Luiz schluchzte laut auf und weinte jetzt richtig. Ich bin aber auch manchmal ein Idiot.

„Es ist so ungerecht!", stieß er hervor. „Manche haben viel zu viel Geld und andere haben viel zu wenig. Und wir dürften eigentlich gar nicht hier sein, Mama und ich. Und überhaupt …"

Da flog die Tür auf, und die Frau vom Fenster stand wie aus dem Nichts neben ihm. Sie guckte noch grimmiger als vorhin.

„Estás loco?", rief sie. „Entra en la casa inmediatamente!"

Wir fünf waren völlig verdattert und standen wie angewurzelt da. Nein, stimmt nicht, nur vier von uns. Denn Paolo hatte offensichtlich verstanden, was die Frau gerufen hatte.

„Bitte warte noch", sagte er. „Wir können Geheimnisse ziemlich gut für uns behalten."

Nun waren die beiden mindestens genauso verdattert. Luiz schluckte seine Tränen herunter und starrte Paolo an.

Schließlich seufzte die Frau tief und sagte: „Okay, ich sehe schon, euch wird man nicht so schnell los. Kommt meinetwegen kurz rein."

Das klang jetzt viel netter. Nur ihr Gesichtsausdruck passte nicht dazu, denn der war immer noch total grimmig. Und ich kam immer noch nicht drauf, an wen sie mich erinnerte.

Sie führte uns durch den Hausflur in eine kleine, dunkle Wohnung, wo wir uns auf ein altes Sofa hockten.

„Mögt ihr Apfelschorle?", fragte sie. „Ich heiße übrigens Catalina und bin die Mama von Luiz. Ihr könnt mich gerne duzen."

Wir nickten und stellten uns auch kurz vor. Sie versorgte uns mit Getränken, dann setzte sie sich in einen Sessel und sagte: „Ich finde es ziemlich nett von euch, dass ihr euch um Luiz kümmern möchtet. Aber wir brauchen keine Hilfe. Und er möchte auch kein Kommunionkind werden." Sie warf ihrem Sohn einen grimmigen Seitenblick zu, der sich auf dem Teppich niedergelassen hatte, weil es keine weiteren Sitzmöglichkeiten gab. „Vor allem", fuhr sie fort, „müsst ihr euch keine Sorgen machen, dass mein Sohn irgendwo einbrechen würde. Er hat es nur gut gemeint, weil er mir helfen wollte. Aber wir haben besprochen, dass ich das auf keinen Fall dulden würde." Sie faltete die Hände vor dem Bauch und schaute in die Runde. „Ihr seht also – alles ist in bester Ordnung."

„Aber wieso sagst du, dass ihr gar nicht hier sein dürftet?", hakte Lucy ein. Sie meinte Luiz.

Und Nora setzte nach: „Geht es um diese Wohnung? Wohnt ihr heimlich hier in diesem Haus?"

„Nein, nicht in diesem Haus", platzte es aus Luiz heraus. „Wir wohnen heimlich in diesem Land!"

„Luiz! Cierra la boca!" Catalina Ramirez war aus ihrem Sessel hochgefahren. Fast bekam ich Angst, sie würde ihn schlagen. Aber ihr Gesicht verzerrte sich bloß noch mehr.

„Irgendwann kommt es doch sowieso raus", sagte Luiz niedergeschlagen und starrte auf den Teppich vor sich.

Ich wusste es! Sie waren tatsächlich Geheimagenten. Obwohl – nee, dann würde Luiz nicht so bedröppelt gucken.

„Wir sind illegal in Deutschland", sagte Catalina und setzte sich wieder. „Wir haben keine Papiere, keinen Ausweis, keine Aufenthaltserlaubnis. Ich stamme aus Kolumbien und kam vor elf Jahren zum Studieren in dieses Land. Ich durfte so lange bleiben, wie ich an der Uni war. Aber dann bekam ich ein Baby." Wieder sah sie Luiz an, aber diesmal lächelte sie. Auch irgendwie grimmig, aber gleichzeitig liebevoll. „Da hab ich es einfach nicht mehr geschafft, weiter zu studieren. Also hätte ich nach Kolumbien zurückkehren müssen. Aber meine Familie wollte nichts mehr mit mir zu tun haben. Weil ich ein Baby hatte, aber keinen Ehemann."

„Wie gemein", rief Nora. „Meine Mama hat auch keinen Ehemann, das muss man doch gar nicht."

„Na, meine Familie sieht das jedenfalls anders", sagte Catalina. „Und so hätte mich und Luiz in meiner Heimat ein Leben in bitterer Armut erwartet. Oder in der Kriminalität."

„Also seid ihr hiergeblieben?", fragte Su-ri mit verschwörerischer Stimme. „Und untergetaucht?"

„Ja, so kann man das sagen. Ich habe mehrere Jobs als Putzfrau, so schlagen wir uns durch." Sie beugte sich vor und sagte beschwörend: „Und niemand darf davon erfahren, hört ihr? Jetzt kennt ihr unser Geheimnis. Es tut mir leid, dass wir euch überhaupt damit belasten …"

„Wie gesagt", meinte Paolo, „wir können schweigen. Wir haben schließlich auch nie jemandem erzählt, dass Palaver … ups." Er unterbrach sich und musste lachen. Wir anderen auch. „Also jedenfalls – von uns wird es niemand erfahren."

„Aber was ist denn mit der Schule?", fragte Nora. „Ist denn Herr Ademi noch nie misstrauisch geworden?"

„Wartet", rief Su-ri. „Er weiß davon, oder? Herr Ademi kennt euer Geheimnis! Darum sagte er heute Morgen zu uns, er sei froh, dass du überhaupt kommst, Luiz."

Luiz nickte. „Ja. Bis gerade eben war er der einzige Mensch, der unser Geheimnis kannte. Und er verrät es niemandem."

„Aber was ist mit den Leuten, bei denen du arbeitest, Catalina? Wissen die nichts?", fragte Lucy.

„Zumindest wollen sie es nicht wissen", antwortete Luiz' Mutter und guckte jetzt wieder so grimmig wie am Anfang. „Ich arbeite gründlich und nehme nicht viel Geld. Sie stellen keine Fragen."

„Verstehe", murmelte Nora.

Aber ich verstand noch nicht, jedenfalls nicht alles. „Ist das der Grund, warum Luiz dich unterstützen wollte?", fragte ich. „Mit einem Einbruch bei Frau Hohenstolz?"

Wieder seufzte Catalina. „Es hat damit zu tun." Sie fasste sich mit einer Hand an die Wange. „Mein Zahn macht große Schwierigkeiten. Ich müsste eigentlich sehr dringend zum Zahnarzt. Aber dafür habe ich nicht genug Geld."

Ah, Mann! Jetzt kapierte ich, warum sie die ganze Zeit so grimmig guckte. Sie war gar nicht unfreundlich, sie hatte einfach nur Zahnweh.

„Ich wusste nicht, dass man beim Zahnarzt bezahlen muss", wunderte sich Lucy. „Wenn meine Mütter mit mir zum Arzt gehen, dann zeigen sie immer so eine Karte vor."

„Die ist von der Krankenversicherung", sagte Su-ri, die sich tatsächlich mit fast allem auskennt. „Wenn du versichert bist, dann bezahlt die Versicherung für dich."

„Aber ihr seid vermutlich nicht versichert", stellte Nora nüchtern fest. „Weil es euch … offiziell gar nicht gibt."

„Genau." Catalina nickte. „Das bringt es ziemlich gut auf den Punkt."

Da sprang Lucy auf und rief: „Ich habe eine Idee! Ich leihe dir einfach meine Karte. Das muss ja niemand rauskriegen."

„Das ist wirklich total nett von dir", sagte Catalina. „Aber man sieht, wenn es eine Kinderkarte ist. Und bei den Karten von Erwachsenen sind Fotos drauf. Wie bei einem Personalausweis.

Eben damit genau das nicht geht, was du vor-
schlägst."

„Ach, doof." Lucy ließ sich wieder aufs Sofa
plumpsen.

Dafür sprang ich jetzt auf. Ich hatte auch eine
Idee! Denn urplötzlich war mir eingefallen, an
wen Catalina Ramirez mich erinnerte.

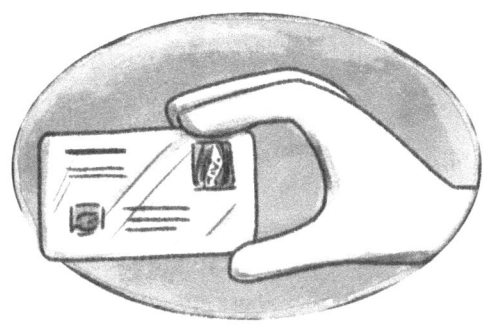

5

VATER UNBEKANNT

Die Praxis von Frau Doktor Komorowska lag im ersten Stock eines Geschäftshauses, direkt über einem Supermarkt. Niemand von uns war je zuvor hier gewesen, denn Su-ri hatte extra im Internet nach einer Zahnärztin gesucht, die niemand von uns kannte. Das war deshalb gut, weil Frau Doktor Komorowska folglich auch niemanden von uns kannte. Sollte die Sache irgendwie auffliegen, konnte man uns also nicht ermitteln.

Das hofften wir jedenfalls.

Su-ri hatte ganz cool einen Termin für heute, Donnerstag, 16 Uhr vereinbart. Für die Patientin Ornella Sabatini. Die hieß rein zufällig genauso wie Paolos Mutter.

Wir hatten uns draußen vor dem Supermarkt verabredet. Lucy und ich waren schon da, als Paolo sein Fahrrad mit quietschenden Reifen vor uns zum Stehen brachte.

„Und?", fragte ich aufgeregt. „Hast du die Karte?"

„Ich finde immer noch nicht, dass Catalina meiner Mutter wirklich ähnlich sieht", erwiderte Paolo mit finsterer Stimme.

„Aber hast du die Karte?", drängelte Lucy.

Statt einer Antwort machte Paolo ein gequältes Gesicht, fummelte eine Plastikkarte aus seiner Hosentasche und hielt sie uns hin. „Hier, guckt mal, die Frisur ist komplett anders."

„Wir können ja sagen, dass sie sich kürzlich erst die Haare hat kurz schneiden lassen", meinte Lucy. „Stell dir einfach mal Catalina mit langen Haaren vor. Also eine gewisse Ähnlichkeit ist da schon."

„Und ich glaube nicht, dass die Leute am Empfang das so genau kontrollieren", sagte ich. „Dafür haben die immer viel zu viel Stress."

Jetzt trafen auch Su-ri und Nora ein. Die beiden Mädchen musterten ebenfalls die Krankenversicherungskarte von Paolos Mutter.

„Absolut perfekt", befand Su-ri. „War es schwer, die Karte zu mopsen?"

„Es war jedenfalls das Schlimmste, was ich jemals tun musste", sagte Paolo gequält. „Meine Mutter hat diese Karte immer in ihrem Portemonnaie. Und nicht nur die, sondern Hunderte! Kundenkarten von irgendwelchen Kaufhäusern oder Supermärkten und Mitgliedskarten vom Fitnessstudio und allem Möglichen und sogar vom Kirchenchor."

„Na, dann wird ihr ja vielleicht nicht so schnell auffallen, dass eine fehlt", meinte Lucy.

„Hoffentlich", jammerte Paolo. Er guckte richtig zerknirscht drein. „Ich hab jedenfalls ein entsetzlich schlechtes Gewissen."

„Aber das brauchst du nicht", sagte Nora. „Du hast doch ein gutes Werk getan."

„Am liebsten hätte ich ihr alles erzählt und sie gefragt, ob sie mir die Karte nicht von sich aus geben würde. Aber ich hatte Angst, dass sie Nein sagt. Und dann hätte sie bestimmt extra aufgepasst, ob ich heimlich an ihr Portemonnaie drangehe." Paolo seufzte. „Außerdem haben wir ja versprochen, dass wir das Geheimnis für uns behalten."

„Ah, da kommen sie", rief Nora.

Luiz und seine Mutter steuerten auf uns zu.

„Hallo, Frau Sabatini", rief Lucy überschwänglich.

Su-ri kicherte.

„Lass das, bitte", knurrte Paolo.

„Ich fühl mich nicht wohl dabei", sagte Catalina. Das sah man ihr an, sie guckte noch grimmiger als vorgestern. Vielleicht lag es aber auch an den Zahnschmerzen.

„Mit dem entzündeten Zahn fühlst du dich erst recht nicht wohl, Mama", sagte Luiz.

„Ich hab auch immer Angst vor dem Zahnarzt", gestand Nora, „ich kann das gut verstehen."

Da lachte Catalina und meinte: „Ich hab ja hauptsächlich Angst, dass wir auffliegen. Das Gute daran ist – ich bin so aufgeregt, dass ich vor der Spritze und dem Bohrer überhaupt keine Angst habe."

„Guter Trick." Lucy grinste. „Dann wollen wir mal."

„Kommt ihr etwa alle mit?" Luiz sah uns entsetzt an.

„Nur bis zur Tür", sagte Nora. „Wir wollen euch doch beistehen."

Luiz runzelte die Stirn und machte nicht den Eindruck, als fände er diese Art Beistand gut. Aber da hatte Nora schon die Haustür neben dem Supermarkteingang aufgestoßen. Wir gingen durch einen Flur, stiegen die Treppen hoch, umrundeten eine Ecke und standen vor einer Tür, auf der die übergroße Abbildung eines Zahns prangte.

„Puh." Catalina atmete tief durch. „Ich bin Frau Sabatini und habe kurzfristig einen Termin. Es geht um meinen entzündeten Weisheitszahn." Sie klang, als würde sie etwas wiederholen, was sie für die Schule auswendig gelernt hatte.

Paolo gab ihr die Karte. Catalina atmete nochmals tief durch.

Ich lächelte ihr aufmunternd zu, dann hielt ich ihr die Tür auf, und sie ging hinein.

Die Tür fiel hinter ihr wieder zu, und wir sechs Kinder standen ziemlich planlos im Flur.

„Und jetzt?", fragte Luiz.

„Jetzt heißt es warten", sagte Lucy. „Kommt mit runter. Ich hab Taschengeld dabei, ich kaufe uns unten im Laden was Süßes."

Wenig später saßen wir eng aneinander auf einer Bank gegenüber dem Supermarkt, und Lucy reichte eine Tüte Gummibären herum.

„Anscheinend funktioniert es", meinte Nora. „Wenn die Leute in der Praxis unseren Trick durchschaut hätten, wäre deine Mutter sicher schon wieder rausgekommen."

Luiz nickte stumm.

„Oder die haben schon die Polizei gerufen und halten sie fest, bis der Streifenwagen kommt", flüsterte Paolo. „Und mich verhaften sie gleich mit."

Luiz riss entsetzt die Augen auf.

„So ein Unsinn", schimpfte Lucy.

Wir nahmen uns alle noch mehr Gummibären und kauten schweigend. Keine Ahnung, warum Lucy wusste, dass das Unsinn war, was Paolo sagte, ich meine: Konnte doch sein, oder? Vermutlich wollte sie einfach nur Luiz beruhigen. Der machte trotzdem ein sorgenvolles Gesicht. Mir fiel auf, dass er sich mit keinem Wort bei uns bedankt hatte, nicht bei mir für die coole Idee und nicht mal bei Paolo, der ja ein echtes Risiko auf sich nahm. Andererseits – Luiz hatte uns ja auch nicht darum gebeten. Wir hatten uns richtig aufgedrängt. Ich fragte mich, ob ich das wohl unangenehm finden würde, wenn ich an seiner Stelle wäre. Schwer zu sagen. Ich konnte mir kaum vorstellen, wie es sich anfühlen musste, heimlich und verbotenerweise in einem fremden Land zu leben. Und dabei war es ja gar kein fremdes Land, jedenfalls nicht für ihn, höchstens für seine Mutter. Luiz war doch hier geboren, er war hier aufgewachsen und in den Kindergarten gegangen; er ging in unsere Klasse und würde vielleicht auch gern mal in einen Fußballverein gehen oder, wer weiß, zur Kommunion. Da kam mir eine Frage in den Sinn …

„Sag mal, Luiz", begann ich, „was ist eigentlich mit deinem Vater?"

„Was?", fragte er zurück, als hätte er mich nicht verstanden.

„Boah, Mann, Valentin!" Lucy war aufgesprungen und funkelte mich wütend an.

Ich schnallte nicht, was ich jetzt schon wieder Falsches gesagt haben sollte. Doch dann dämmerte es mir.

Lucy äffte meine Stimme nach: „Was ist mit deinem Vater, he? Hast du keinen Vater oder was? Du musst doch einen Vater haben ... Boah, Leute, wie ich diese Frage hasse!"

Nora nickte entschieden. Sie kannte das wohl auch, denn sie lebte allein mit ihrer Mutter. Aber vor allem Lucy wurde das immer wieder gefragt, weil sie ja gleich zwei Mütter hatte. Das machte die Leute anscheinend ziemlich neugierig. Ein bisschen verstand ich das, also dass es die Leute interessierte. Ich verstand aber auch, warum Lucy davon so genervt war.

Doch Luiz erwiderte leise: „Das wüsste ich auch gern. Aber das ist ..."

Er machte eine Pause und sah uns der Reihe nach an. Niemand von uns sagte etwas.

„Er heißt Jonas", fuhr Luiz schließlich fort. Er sprach so leise, dass wir die Köpfe zusammenstecken mussten, um ihn trotz des Lärms der vorüberfahrenden Autos zu verstehen. „Mama und er waren ein Pärchen, als Studenten. Aber aus irgendeinem Grund haben sie sich gestritten. So sehr, dass sie sich getrennt haben. Das war noch vor meiner Geburt. Ich habe ihn nie kennengelernt."

Ich musste unwillkürlich an Magdalena denken. Die ist ja auch Studentin. Bestimmt ist es ganz schön krass, während des Studiums Mutter zu werden. Oder Vater.

Su-ri sprach aus, was ich dachte. „Haben sie sich wegen ...", begann sie zögerlich, „also deinetwegen getrennt?"

Luiz zuckte mit den Schultern und starrte vor sich hin.

„Und du hast keine Ahnung, wer er ist und wo er lebt?", fragte ich. „Und er hat sich niemals bei euch gemeldet?"

„Kann er gar nicht", sagte Luiz. „Mama hätte ja damals das Land verlassen sollen, nachdem sie mit dem Studium aufgehört hat. Sie ist aus ihrem Studentenwohnheim ausgezogen und hat niemandem gesagt, wohin sie geht. Sie hat sogar die Sim-Karte ihres Handys vernichtet, um ganz sicherzugehen. Also, selbst wenn mein Vater uns ausfindig machen wollte ..."

Wieder schwiegen wir.

Irgendwann fragte Su-ri: „Und du? Hast du es denn mal versucht?"

Luiz lachte trocken. „Würde ich echt machen. Wenn ich irgendeine Idee hätte, wo ich anfangen soll."

„Vielleicht ist es auch besser so, wie es ist", meinte Nora. „Väter können ja auch ganz schön ätzend sein. Stell dir vor, du würdest ihn suchen und du findest ihn tatsächlich, und dann ist er voll doof zu dir. Was für eine Enttäuschung wäre das."

„Könnte gut sein", stimmte Lucy ihr zu.

„Andererseits ...", begann Su-ri wieder, „könnte es auch sein, dass er und deine Mutter sich wieder vertragen. Vielleicht heiraten sie dann ja sogar."

„Bah", machte Paolo. „Was finden Mädchen nur immer so toll an Hochzeiten und solchem Kram?"

„Finden wir gar nicht!", protestierte Lucy.

„Mir geht es nicht um die Hochzeit", erwiderte Su-ri. „Aber ich musste gerade an Marcel denken."

„Welcher Marcel?", fragte ich. „Der aus der 3a? Was ist mit dem?"

„Er wohnt in meiner Straße", sagte sie. „Er hat mir mal erzählt, dass sein Vater aus einem Land in Afrika kommt. Und dass er, also sein Vater, dorthin zurückgemusst hätte, wenn er nicht Marcels Mutter geheiratet hätte."

„Hä?", machte ich. „Ich versteh überhaupt nichts mehr."

„Wie bescheuert!" Nora verzog das Gesicht. „Die Leute werden gezwungen zu heiraten, weil sonst einer von beiden das Land verlassen muss?"

Plötzlich hatte ich kapiert, worauf Su-ri hinauswollte. „Wenn wir deinen Vater finden, dann könntet ihr beide ganz normal in Deutschland leben, Catalina und du", sagte ich zu Luiz.

„Moment mal", rief Paolo dazwischen. „Hast du gerade *wir* gesagt?"

Bevor ich antworten konnte, zeigte Luiz auf die Haustür neben dem Eingang zum Supermarkt.

„Sie kommt!"

Catalina winkte uns zu und überquerte die Straße. Ihr Gesicht wirkte etwas unförmig, eine Backe war geschwollen, aber dafür hatte sich das Grimmige verflüchtigt. Sie lächelte vorsichtig.

„Das ist so wunderbar, wenn plötzlich die Zahnschmerzen fort sind", sagte sie und gab Paolo die Karte zurück. „Der Zahn war leider nicht mehr zu retten. Die Ärztin hat ihn gezogen. Nachher wird es bestimmt noch mal wehtun, wenn die Betäubung nachlässt. Aber dann ist es vorbei." Sie strahlte uns an.

„Ich weiß gar nicht, wie ich euch danken soll. Aber ich werde mir noch ein Dankeschön für euch überlegen."

„Brauchst du nicht", sagte Lucy. „Das haben wir doch gern gemacht. Nicht wahr?"

Sie stupste Paolo an.

„Ist auch wirklich niemand misstrauisch geworden wegen der Karte?", fragte der.

„Kein bisschen. Sie haben die Karte einfach in ihr Gerät gesteckt und sie nicht weiter angeschaut. Die Frau am Empfang hat mich bloß gefragt, ob die Adresse noch aktuell ist. Die ist anscheinend auf der Karte gespeichert. Da hab ich einfach Ja gesagt. Und dann kam ich auch schon an die Reihe."

Paolo steckte die Karte ein.

„Und nächste Woche soll ich wiederkommen, zur Kontrolle", sagte Catalina noch.

Paolo wurde blass. „Muss ich jetzt das Ganze noch einmal machen? Meiner Mutter die Karte klauen und so?"

„Nein, keine Sorge", meinte Catalina. „Einmal reicht."

„Na also", sagte ich und klopfte Paolo auf die Schulter. „Jetzt musst du bloß noch unauffällig die Karte wieder ins Portemonnaie deiner Mutter zurückschmuggeln – und alles ist überstanden."

„Ja", antwortete er und grinste mich plötzlich an. „Wie wäre es, wenn du mir dabei hilfst?"

6

KNALLEFFEKT

Paolos Familie wohnt in einem sehr großen Haus. Das ist auch nötig, denn Paolo hat ein Klavier und drei Schwestern, so was braucht einfach Platz. Auch die Küche ist riesig, und da gibt es sogar einen Kaffeeautomaten, der auch Kakao zubereiten kann. Jedes Mal, wenn ich Paolo besuche, darf ich mir einen Kakao machen, so auch an diesem Nachmittag. Während die Maschine vor sich hin rumorte, rief ich kurz zu Hause an, um Bescheid zu sagen.

„Ich bin noch ein bisschen bei Paolo, okay?"

„Aber höchstens eine halbe Stunde", sagte mein Vater, „dann kommst du bitte heim. Es wird früh dunkel. Zocken könnt ihr ja auch online."

„Ich will bloß deine Internetverbindung schonen", antwortete ich.

Er lachte. „Bis nachher!"

Ich nahm die dampfende Tasse und nippte an dem Kakao. Diese Automaten sind angeblich extrem schlecht für die Umwelt, das sagen Herr Ademi und Su-ri, also die beiden schlauesten Leute, die ich kenne. Aber dieser Kakao schmeckt einfach megalecker.

„Mein Vater tut manchmal so, als wär ich noch im Kindergarten", sagte ich.

„Meiner auch", meinte Paolo und warf den Automaten gleich noch mal an, um sich selbst auch einen Kakao zu genehmigen. „Aber immerhin haben wir Väter. Luiz kennt seinen nicht mal."

„Das könnten wir ja ändern", sagte ich.

„Wie denn? Kannst du hellsehen? Ich nicht. Und beim Geheimdienst sind wir auch nicht."

„Aber so was Ähnliches", entgegnete ich. „Immerhin sind wir die Koki-Bande."

Paolo lachte. „Stimmt, aber selbst wenn uns tatsächlich was einfallen würde, um diesen Jonas zu finden – denk an das, was Nora gesagt hat. Vielleicht ist der voll doof, das wäre doch für Luiz nur noch schlimmer."

„Klar, wir müssen ihn natürlich vorher fragen, was er davon hält", meinte ich. „Ohne Luiz' Hilfe geht es eh nicht. Wollen wir ihn nicht gleich morgen nach der Schule besuchen?"

Statt einer Antwort legte Paolo den Kopf schräg und lauschte. „Denk an den Plan", zischte er.

Da hörte ich es auch. Schlüsselklimpern. Das Klacken hoher Schuhe auf dem Fliesenboden im Flur. Dann kam Paolos Mutter in die Küche gerauscht.

„Paolo, Liebling!" Sie wuschelte ihrem Sohn durch die Haare.

Ornella sieht komplett anders aus als Catalina, ging es mir durch den Kopf, als ich sie jetzt direkt vor mir stehen sah. Die Ähnlichkeit musste ich mir eingebildet haben, weil ich meine Idee so toll fand. Aber egal, es hatte ja funktioniert.

„Valentin, mein Schatz!" Ornella drückte auch mir einen Knutscher auf den Scheitel. An ihrer Armbeuge baumelte eine glitzernde Handtasche. „Schön, dass du uns mal wieder besuchst." Sie maß mich mit den Augen. „Mein Gott, ihr Kinder werdet wirklich jeden Tag größer."

„Ähm – ja, kann sein", sagte ich und schielte zu Paolo, der mir unverständliche Zeichen machte. Ich erinnerte mich an unsere Absprache und sagte: „Darf ich dir vielleicht einen Kaffee machen? Du weißt ja, wie gerne ich euren Automaten bediene."

„Oh, um diese Uhrzeit?", überlegte sie. „Lieber nicht. Aber danke schön."

„Oder einen Kakao?", fragte ich. „Heiße Milch?"

„Wo sind eigentlich deine Schwestern?", erkundigte sie sich und drehte sich zu Paolo um.

Dabei ließ sie die Handtasche vom Arm gleiten und stellte sie auf die Anrichte in der Mitte der Küche.

Paolo zählte an drei Fingern auf: „Schwimmen, Querflöte, Baseball.“

„Ah, natürlich.“ Sie seufzte. „Es ist ja noch nicht mal sechs. Jetzt wird es immer früher dunkel, da kommt es mir oft schon viel später vor.“ Sie drehte sich wieder zu mir um. „Weißt du was, Valentin? Wenn du es schon so freundlich anbietest, dann mach mir doch einen Cappuccino.“

Paolo hob hinter dem Rücken seiner Mutter den Daumen, dann schlich er auf Zehenspitzen zur Anrichte. In Zeitlupe schob er eine Hand in die Tasche.

„Und was habt ihr heute Schönes nach der Schule unternommen?“, fragte Ornella.

„Wir haben mit Luiz gespielt“, sagte ich.

„Wer ist Luiz?“

„Aus unserer Klasse“, erklärte ich und musste mich zwingen, nicht hinzusehen, wie Paolo das Portemonnaie aus der Handtasche seiner Mutter zog.

„Ach, ich erinnere mich an ihn. Vom Schulfest." Ornella kratzte sich am Kopf. „Komisch, ich glaub, ich hab noch nie seine Eltern gesehen."

„Die haben viel zu tun", sagte ich und hantierte an der Maschine herum.

„Dann ist er sicher viel allein", meinte Ornella. „Nett von euch, dass ihr Zeit mit ihm verbringt."

Beim letzten Wort drehte sie sich zu ihrem Sohn um. Paolo hatte blitzschnell beide Hände hinter dem Rücken versteckt. Seine Pausbacken liefen knallrot an.

Ornella stemmte eine Hand in die Hüfte und fragte streng: „Was hast du denn? Warst du schon wieder an der Keksdose? Es gibt doch gleich Abendbrot."

„Das ... also ...", stammelte er.

Da gab es einen Knall. Paolos Mutter wirbelte herum.

„Oh, Mist!", rief ich und schnappte mir die Rolle mit dem Küchenpapier.

Auf dem Boden zerlief der halbfertige Cappuccino zwischen den Scherben der Tasse. In der

Not hatte ich sie heruntergepfeffert, um Paolos Mutter abzulenken.

„Ist nicht schlimm", sagte sie, „kann doch mal passieren." Sie nahm mir die Küchenrolle aus der Hand. „Nicht, dass du dich an den Scherben schneidest."

Und während sie an meiner Stelle das Malheur aufwischte, steckte Paolo in aller Ruhe die Versichertenkarte seiner Mutter ins Portemonnaie und steckte es anschließend wieder in die Handtasche.

„Ich muss dann mal nach Hause", murmelte ich. „Sorry wegen der Tasse. Tut mir wirklich leid."

„Also bitte, da gibt es ja wirklich Schlimmeres", sagte sie. „Schöne Grüße an deine Eltern. Wir sehen uns Sonntag in der Kirche."

Paolo begleitete mich zur Haustür und zischte: „Mann, das war verdammt knapp."

„Aber echt", flüsterte ich. „Und was ist mit morgen? Gehst du nach der Schule mit zu Luiz?"

„Freitags hab ich doch immer Klavier. Außerdem war das heute genug Abenteuer für mich. Frag doch Lucy, die macht da bestimmt mit."

Das bezweifelte ich. Sie schien ja Sorge zu haben, dass ich Luiz irgendwie zu nahe treten würde. Aber ich rief sie trotzdem später an.

Sie sagte sofort Ja.

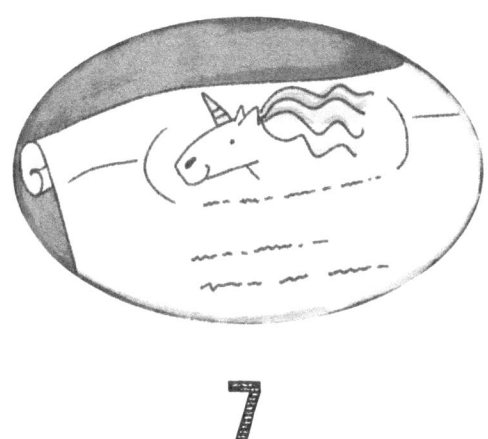

7

EIN GEHEIMNISVOLLES
EINHORN

Freitags haben wir hausaufgabenfrei und deshalb ist die Schule früher zu Ende. Ich habe mich
übrigens oft gefragt, warum es eigentlich Hausaufgaben heißt. Bis mein Vater mir mal erklärt
hat, dass in früheren Zeiten, als meine Eltern noch
klein waren, die Schulen nachmittags geschlossen
hatten. Für Essen und Hausaufgaben sind die
Kinder nach Hause gegangen, darum der Name.
Einerseits eine komische Vorstellung. Anderer-

seits finde ich es ganz schön, wenn wir freitags nach dem Mittagessen schon gehen können.

Schon in der ersten Pause hatten Lucy und ich Luiz auf meine Idee angesprochen. Der war erst zögerlich gewesen, doch dann hatte seine Neugier gesiegt, und er hatte gemeint, wir könnten ja einfach mit zu ihm kommen und würden dann zu dritt mal mit seiner Mutter reden.

Guter Plan, hatte ich gedacht.

Aber als wir jetzt nach der Schule auf unseren Rädern in seine löchrige Straße einbogen, hatte ich keinen blassen Schimmer mehr, was wir eigentlich sagen sollten. Also zu Catalina. Hast du was dagegen, wenn wir den Vater von deinem Sohn suchen? Das konnte ich ja schlecht fragen. Oder vielleicht doch?

Luiz' Mutter begrüßte uns freundlich. Ihr Gesicht war nicht mehr so geschwollen.

„Geht's dir besser?", fragte Lucy.

„Fantastisch", sagte sie. „Ich bin wirklich sehr erleichtert, dass die Schmerzen endlich weg sind. Was führt euch her? Wollt ihr zusammen spielen?"

„Das auch", meinte ich. „Aber wir wollten dich auch was fragen." Ich räusperte mich.

Catalina sah uns gespannt an.

„Also, es ist so", begann ich. „Wir haben uns gestern bei Luiz nach seinem Vater erkundigt."

Catalinas Gesicht verfinsterte sich, als wären plötzlich die Zahnschmerzen wieder zurückgekehrt.

„Es geht uns natürlich eigentlich nichts an ...", fuhr ich fort.

„Allerdings", ging sie dazwischen.

„Aber wir dachten ..." Ich brach ab.

Lucy kam mir zu Hilfe: „Es ist doch so – wenn sein Vater da wäre, dann könntet ihr vielleicht ganz offiziell in Deutschland leben und ..."

„Genau", rief Catalina. Ihre Stimme klang messerscharf. „Und das ist einer der Gründe, warum ich den Kontakt zu Jonas abgebrochen habe. Ich kenne Menschen aus anderen Ländern, die jemanden geheiratet haben, um eine Aufenthaltserlaubnis in Deutschland zu kriegen. So etwas würde ich niemals tun. Ich würde niemals Jonas damit erpressen, dass er einen Sohn hat."

Lucy und mir fiel die Kinnlade runter. So hatten wir das gar nicht gesehen.

„Und ich werde mich niemals von einem Mann abhängig machen", fügte sie hinzu.

„Wie meinst du das?", fragte ich.

„Jonas hat damals Wirtschaft studiert und hatte das Ziel, ein Manager in einer tollen Firma zu werden. Bestimmt ist er inzwischen erfolgreich und wohlhabend. Er würde doch denken, dass ich nur sein Geld will."

„Ich glaube, ich kann dich ein bisschen verstehen", sagte Lucy.

Ich verstand Catalina ganz und gar nicht. „Aber es geht doch um Luiz", protestierte ich.

„Ja", entgegnete Catalina. „Wenn er alt genug ist, kann er selbst nach seinem Vater suchen. Das ist dann eine andere Sache. Aber dieser Tag ist noch nicht gekommen."

Dann fügte sie noch etwas auf Spanisch für Luiz hinzu. Was er antwortete, klang ziemlich trotzig.

„Das ist mein letztes Wort", sagte Catalina. „Das Thema ist abgeschlossen." Sie seufzte. „Seid mir bitte nicht böse, dass ich euch so angemotzt habe. Ich freue mich, dass ihr uns besuchen kommt, ehrlich. Ich mag euch gern, ihr habt sehr viel für mich getan. Nur dieses eine Thema – das ist tabu."

Lucy und ich nickten ergeben.

Luiz nickte nicht.

Catalina ging in den Flur und nahm ihren Mantel vom Haken.

„Und jetzt muss ich wieder zur Arbeit. Viel Spaß beim Spielen."

Damit ließ sie uns drei allein.

Einen Moment hallte das Geräusch nach, mit dem die Tür ins Schloss gefallen war.

Dann sagte ich: „Hey, Luiz, tut mir leid. War eine doofe Idee von mir."

„War es nicht", entgegnete er. Seine Augen blitzten.

„Aber du hast doch deine Mutter gehört", brummte ich.

„Ja, hab ich. Und sie hat gesagt, dass ich eines Tages selber nach meinem Vater suchen kann. Wenn dieser Tag heute noch nicht gekommen ist – vielleicht kommt er ja morgen?"

„Na ja." Lucy lachte. „Deine Mutter meinte vermutlich in ein paar Jahren. Aber gesagt hat sie es nicht so. Streng genommen. Nur – wie wollen wir vorgehen, wenn Catalina nicht mit uns darüber reden will?"

„Ich zeige euch was", sagte Luiz. „Kommt mit."

Er führte uns in ein Schlafzimmer. Zwei Betten standen darin. Auf dem einen lagen Kuscheltiere und an der Wand darüber hingen Fußballposter. Über dem anderen Bett hing eine schlichte Zeichnung von einer Frau mit Baby. Vielleicht Catalina und Luiz? Oder eher Maria mit Jesus auf dem Arm? Kurz dachte ich, Luiz hätte vielleicht einen Bruder oder eine Schwester, doch dann verstand ich.

„Teilst du dir das Zimmer mit deiner Mutter?", fragte ich.

„Ja, die Wohnung hat nur zwei Zimmer", sagte Luiz und öffnete den großen alten Kleiderschrank. „Mama wird irgendwann ins Wohnzimmer umziehen und dort schlafen, dann hab ich hier mein eigenes Zimmer." Er hob eine Schachtel aus dem Schrank und legte sie auf sein Bett.

„Was ist das?", wollte Lucy wissen.

„Hier drin bewahrt meine Mutter ihre Erinnerungsstücke auf." Luiz hatte geflüstert, obwohl wir allein waren. „Darin hab ich schon mal heimlich gestöbert. Und auch was gefunden, woraus ich aber nicht schlau geworden bin."

Er öffnete die Schachtel. Lucy und ich lugten neugierig hinein. Wir sahen mehrere Stapel Fotos, eine Kette mit einem Anhänger, einen winzigen Plüschhund, einen fremdartigen Geldschein und anderen Kram. Luiz zog ein Stück Papier hervor, das er uns hinhielt. Es war eine Liste mit vielen Feldern zum Ankreuzen. Das Papier zierte oben eine Art Wappen mit Pferdekopf. Wobei der Kopf, wie mir jetzt auffiel, ein Horn trug. *Café Einhorn* stand darunter.

Ich nahm das Papier aus Luiz' Hand und las vor: „Orangensaft, Apfelsaft, Multisaft. Rührei, Spiegelei, gekochtes Ei … Was ist das bloß?"

„Damit kannst du Frühstück bestellen", sagte Lucy. „Ich war mit meinen Müttern mal in einem Hotel, da lagen morgens auch solche Zettel auf dem Tisch."

„Aha", machte ich und sah Luiz ratlos an. „Was hat es damit auf sich?"

„Dreh es um", antwortete er.

Das tat ich. Auf die Rückseite hatte jemand geschrieben:

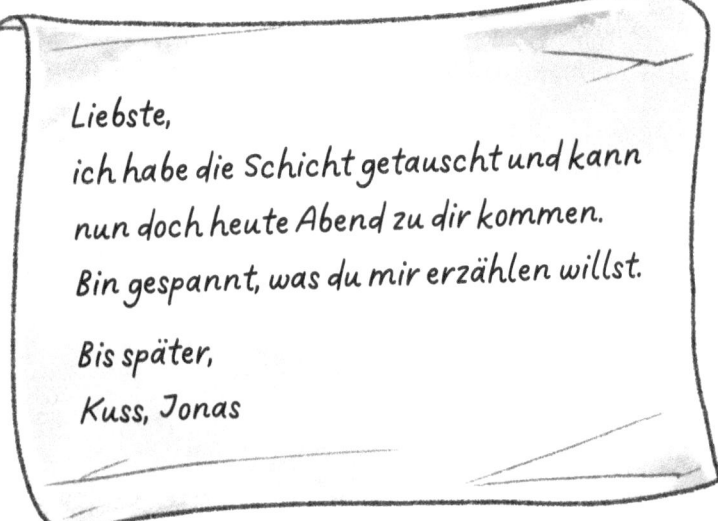

Liebste,
ich habe die Schicht getauscht und kann nun doch heute Abend zu dir kommen.
Bin gespannt, was du mir erzählen willst.

Bis später,
Kuss, Jonas

„Das ist von deinem Vater!", rief Lucy aufgeregt. „Oder?"

Luiz nickte. „Ja, ganz bestimmt. Ich weiß genau, dass es ein wichtiger Hinweis sein könnte. Ich habe nur leider keine Ahnung, was ich damit anfangen soll. Aber … ihr vielleicht?"

„Ich versteh nur Bahnhof", gab ich zu. „Schon den ersten Satz schnall ich nicht. Was heißt denn *die Schicht getauscht*?"

„Na, die Arbeit", sagte Lucy. „Kennst du das nicht? Mama Birte arbeitet immer auf Schicht, so nennen die das. Mal hat sie Frühschicht, dann Spätschicht, dann Nachtschicht."

„Ach so." Birte, die eine von Lucys Müttern, ist nämlich Krankenschwester. „Heißt das, dass Jonas vielleicht im Krankenhaus arbeitet? Oder – gearbeitet *hat*? Ist ja schließlich schon Jahre her."

„Möglich", sagte Luiz. „Aber es gibt so viele Krankenhäuser. Eine richtige Spur ist das nicht."

„Doch, klar!" Ich schlug mir mit der flachen Hand gegen die Stirn. „Bestimmt wird nicht nur in Krankenhäusern in Schichten arbeitet. Vielleicht ist das auch in Cafés so."

„Du meinst dieses Café Einhorn, von dem diese Frühstückskarte stammt?", fragte Lucy. „Also dass Jonas vielleicht dort Kellner ist? Natürlich – das würde doch erklären, warum er diese Nachricht ausgerechnet auf diesen Zettel geschrieben hat. Vielleicht war deine Mutter da gerade einen Kaffee trinken, und er hatte keine Zeit, mit ihr zu reden … irgendwie so in der Art?"

„Hm", machte Luiz, „weiß nicht. Mama hat ja gesagt, dass sie beide studiert haben. Dann passt es nicht, dass mein Vater ein Kellner ist."

„Doch, doch", widersprach ich. „Magdalena ist ja auch Studentin. Und hat sie nicht mal erzählt, dass sie nebenher jobbt? In diesem Blumenladen?"

„Genau", sagte Lucy. „Könnte wirklich sein, dass dein Vater neben seinem Studium dort arbeitet."

„Gearbeitet *hat*", verbesserte ich. „Das alles ist ja rund zehn Jahre her. Bestimmt ist er mit dem Studium fertig und hat eine andere Arbeit angefangen." Ich überlegte. „Vielleicht sogar in einer anderen Stadt, wer weiß? Aber wenn wir Glück haben, erinnert sich in diesem Café noch jemand an ihn und kann uns weiterhelfen."

„Wenn wir nur wüssten, wo dieses Café überhaupt ist", meinte Luiz.

„Das googeln wir", sagte Lucy entschlossen.

„Ja, gute Idee." Ich reichte Luiz den Zettel zurück, und der legte ihn wieder in den Karton.

„Vielleicht wissen wir Sonntag schon mehr", sagte Lucy. „Dann können wir nach der Messe einen Plan machen, wie es weitergeht."

Auf Luiz' fragenden Blick sagte ich: „Wir gehen sonntags immer zur Kirche. Wir sind nämlich die Koki-Bande."

„Was heißt Koki?"

„Kommunionkinder", erklärte Lucy. „Wir feiern im Frühling unsere Erstkommunion."

„Warst du schon mal in einem Gottesdienst, Luiz?", fragte ich.

„Ja, schon ein paar Mal."

„Ich hab dich noch nie gesehen", sagte ich.

„Nein, wir gehen in einem anderen Stadtteil zur Kirche. Da ist die Messe auf Spanisch. Dort bin ich auch getauft worden. Heimlich."

„Ach, darum stehst du nicht auf dieser Liste", sagte Lucy. „Gibt es denn in dieser anderen Kirche auch Kommunionkinder?"

Luiz zuckte mit den Schultern. „Keine Ahnung."

„Also, wenn du Lust hast, dann komm doch am Sonntag einfach mit uns. Die Messe beginnt um zehn", schlug Lucy vor.

„Ich überleg's mir." Luiz verschloss den Karton und verstaute ihn wieder im Schrank. „Meine Mama darf das auf keinen Fall erfahren, okay?"

„Hä?", machte ich. „Dass du in die Kirche gehst?"

Luiz lachte. „Nein, dass wir an ihren Sachen waren und nach meinem Vater suchen."

„Versprochen", sagte ich. „Nur – Luiz, du darfst dir nicht zu viele Hoffnungen machen, ja? Die Spur ist ja ziemlich dünn."

„Aber es ist eine Spur", antwortete er und lächelte.

DAS SCHLIMMSTE
KOMMT NOCH

Tatsächlich kam Luiz am Sonntag mit zur Kirche.
Nach dem Ende des Gottesdienstes zogen wir
Kinder uns mit ihm in eine Ecke des Vorplatzes
zurück. Wir hatten ein bisschen Zeit, weil meine
Eltern noch mit Lucys Müttern, Su-ris Vater und
Noras Mutter zusammenstanden und quatschten.
Auch Paolos Eltern gesellten sich zu den anderen
Erwachsenen, und mir fiel direkt wieder ein, wie
Ornella uns Donnerstagabend beinahe erwischt

hätte. Nicht auszudenken, wenn die Sache aufgeflogen wäre. Nicht nur, weil wir sicher Megaärger bekommen hätten. Vor allem musste Catalina ja in den nächsten Tagen noch einmal zu der Zahnärztin. Und mindestens so lange musste die ganze Sache geheim bleiben.

Lucy und ich berichteten den anderen, was wir in der Zwischenzeit im Internet herausgefunden hatten.

„Das Café Einhorn ist in der Altstadt", sagte Lucy. „Am liebsten würde ich gleich heute Nachmittag hinfahren und nach Jonas fragen. Aber ich fürchte, unsere Eltern erlauben das nicht."

„Nee", meinte Paolo. „Das ist richtig weit, und ich bin noch nie allein ohne Erwachsene Straßenbahn gefahren."

„Aber wisst ihr was?", sagte Su-ri.

Wenn sie schon so fragte, war es meistens so, dass wir es eben nicht wussten.

„In der Altstadt ist ja auch der Dom", sagte Su-ri.

„Na und?", fragten wir anderen wie aus einem Mund.

„Magdalena hat doch angekündigt, dass wir bald in der Gruppenstunde einen Ausflug dorthin machen", erklärte Su-ri. „Bei so einem Ausflug könnten wir doch mal schnell in diesem Café vorbeischauen. Wir müssen es nur so hinkriegen, dass es wie zufällig wirkt."

„Wie soll das denn gehen?", fragte Paolo.

„Da wird uns was einfallen", antwortete Nora an Su-ris Stelle. „Ich find die Idee jedenfalls echt gut. Sollen wir Magdalena nicht direkt fragen? Vielleicht klappt es ja gleich diese Woche."

Wir anderen nickten und setzten uns wie auf Kommando in Bewegung. Magdalena stand auch noch auf dem Vorplatz der Kirche und war mit einer von den großen Messdienerinnen ins Gespräch vertieft.

„Dürfen wir kurz stören?", fragte ich.

Und dann erzählten wir Magdalena, wie entsetzlich gern wir schon in der kommenden Gruppenstunde den Ausflug zum Dom machen würden.

„Aha", sagte sie nur und musterte Luiz. „Hallo", sagte sie zu ihm. „Ich bin übrigens Magdalena."

„Ich bin Luiz", antwortete er.

„Schön, dich kennenzulernen." Magdalena lächelte. Ich war ganz froh, dass sie nicht erwähnte, was wir letzten Dienstag über Luiz gesprochen hatten.

„Also einen Ausflug, ja?" Sie schaute in die Runde. „Klingt ja ziemlich dringend." Sie zwinkerte. „Na gut, dann lasst uns doch mal zu euren Eltern rübergehen und das gleich mit denen klären."

Zum Glück waren alle Eltern mit dem Vorschlag einverstanden. Und so verabredeten wir uns für Dienstag ausnahmsweise nicht zur Gruppenstunde an der Kirche, sondern wollten uns gleich direkt nach der Schule an der Straßenbahnhaltestelle treffen.

Luiz könne „als Gast" gerne mitkommen, bot Magdalena an, aber sie bestand darauf, dass seine Mutter ihm einen Zettel mit ihrer Erlaubnis schrieb. Dass die beiden gar nicht offiziell in Deutschland lebten, sondern nur heimlich, erzählten wir Magdalena nicht. Eigentlich konnten wir immer über alles mit ihr reden. Aber wir hatten ja versprochen, es überhaupt niemandem zu sagen. Und das galt dann eben auch für Magdalena.

Am Montag schmiedeten wir in der großen Pause einen Plan. Su-ri hatte sich im Internet den Stadtplan genau angesehen und den Fußweg vom Hauptbahnhof, wo die Bahn endete, bis zum Dom studiert. Das Café Einhorn lag blöderweise nicht in der Nähe.

„Aber wenn wir zwei Stationen vorher aussteigen würden, dann wäre es direkt um die Ecke", berichtete sie. „Wir brauchen nur einen guten Grund dazu."

Alle runzelten die Stirn.

Plötzlich gab Nora ein klägliches Wimmern von sich.

„Hey, was ist los?", rief Lucy.

„Ah … dieses Bauchweh", stöhnte Nora. „Ich glaub, ich muss ganz doll aufs Klo!"

„Na, dann los!", sagte ich und zeigte in Richtung der Toiletten.

Da lachte Nora.

Wir anderen brauchten einen Augenblick, um es zu kapieren, dann lachten wir auch.

„Geniale Idee", lobte ich. „Das klang gerade so dermaßen echt – es wird garantiert funktionieren."

Der Gong zum Pausenende ertönte. Wir setzten uns in Bewegung, um wieder reinzugehen.

Lucy stupste Luiz an und sagte: „Denk dran, dass du diesen Erlaubniszettel mitbringst."

„Da wird nichts draus", antwortete er traurig. „Meine Mama erlaubt es nicht, dass ich mitfahre. Hatte ich fast schon befürchtet. Ständig hat sie Angst, dass irgendwas schiefgeht und wir entdeckt werden."

„Wie schade", sagte ich. „Aber wir geben unser Bestes, dass wir was über deinen Vater herausfinden."

Davon war ich überzeugt. Da dachte ich ja auch noch, dass die Suche nach diesem Jonas unsere einzige Herausforderung wäre.

Doch als ich Dienstagmorgen Paolo auf dem Schulweg traf, sah ich schon von Weitem, dass was Schlimmes passiert sein musste.

„Wir sind aufgeflogen!", japste er.

„Wie – was – aufgeflogen?"

„Die Zahnarztpraxis hat bei uns angerufen", berichtete er atemlos. „Gestern Nachmittag. Weil Catalina doch diese Woche noch mal hinkommen soll. Zum Fädenziehen. Und sie wollten fragen, ob Catalina – also eigentlich meine Mutter – also eigentlich doch Catalina – also, ob sie eine Stunde früher kommen kann … Das war das totale Drama, ich stand direkt daneben." Paolo stellte sich wie ein Schauspieler in Positur und hielt sich ein unsichtbares Telefon ans Ohr. „Meine Mutter so: *Doch, doch, ich bin Ornella Sabatini, und das ist meine Adresse. Aber nein, ich war letzten Donnerstag nicht in Ihrer Praxis. Und ich habe auch keinen Zahn gezogen bekommen. Meinen Zähnen geht es gut.* Und dann hat sie erst gelacht." Er machte Ornellas Lachen nach, und es klang richtig echt. „Aber dann ist sie sauer geworden." Er verfinsterte sein Gesicht. „Und dann hat sie gerufen: *Sicher, dass es keine Verwechslung ist? Sie reden von Betrug? Dann muss doch jemand meine Karte geklaut haben!* Und dann ist sie zu ihrer

Handtasche gelaufen und hat im Portemonnaie nachgeguckt. Aber die Karte war
ja da." Paolo sackte in sich zusammen. „Ich
hab so Schiss gehabt, ich dachte, meine Mutter
sieht mir an der Nasenspitze an, dass ich es war,
der ihre Karte genommen hat. Aber Mama hat
null auf mich geachtet, sie ist nur mit dem Telefon hin und her gelaufen. Und dann kam das
Schlimmste."

Ich hielt den Atem an. Wenn das bisher noch
nicht das Schlimmste war, was kam denn dann
noch?

„Dann hat sie gesagt", fuhr er fort, „dass sie
bei der Polizei Anzeige erstatten wird wegen …

es war so ein komisches Wort … Identitätsdiebstahl."

„O nein, was für ein Mist!", stöhnte ich. „Und alles war meine Idee." Ich fasste ihn an der Schulter. „Das dürfen wir Luiz nicht sagen. Sonst kriegt er Panik."

„Müssen wir aber." Paolo sah mich eindringlich an. „Er muss seine Mutter doch warnen! Catalina darf auf keinen Fall noch mal in diese Praxis gehen, die wissen doch jetzt, dass sie geschummelt hat. Am Ende rufen die dann sofort die Polizei!"

Mann, da hatte er recht!

Wir beeilten uns, zur Schule zu kommen, um den anderen davon zu erzählen. Luiz wurde richtig bleich. Ich hatte immer gedacht, das sei nur so eine Redensart, aber das stimmte gar nicht. Aus Luiz' Gesicht war tatsächlich alle Farbe gewichen.

„Was für ein unglaublich bescheuerter Zufall!",
schimpfte Lucy.

„Aber echt." Paolo stöhnte. „Wie kommen wir
aus der Sache bloß wieder raus?"

„Vielleicht musst du es doch deiner Mutter erzählen?", überlegte Su-ri.

Aber Nora meinte: „Viel wichtiger ist die Frage,
was Catalina jetzt machen soll. Sie braucht doch
eine Zahnärztin, die ihr die Fäden zieht."

„Stimmt", sagte ich. „So ein blöder Mist, das
alles!"

„Jedenfalls sollten wir die Suche nach deinem
Vater erst mal bleiben lassen", sagte Paolo zu
Luiz. „Sonst wird alles nur noch komplizierter."

„Nee", rief ich, „im Gegenteil. Jetzt erst recht."
Keine Ahnung, warum ich davon plötzlich überzeugt war. Es fühlte sich halt so an. „Vielleicht ist
dieser Jonas ja genau der, der uns jetzt weiterhelfen kann."

Alle schwiegen und sahen erst mich an, dann
Luiz. Der nickte. Er war immer noch bleich wie
die Wand, vor der er stand, aber in seinem Blick
lag finstere Entschlossenheit.

„Ich würde am liebsten einfach heute Nachmittag mit euch kommen. Doch das geht jetzt nicht, weil ich nach Hause muss, um Mama zu warnen. Aber vielleicht findet ihr ja wirklich was über ihn heraus – und wenn wir dann zusammen weitersuchen, bin ich auf jeden Fall mit dabei."

BAUCHWEH UND BEICHTGEHEIMNIS

Wegen des Ausflugs unserer Kommuniongruppe durften wir die Schultaschen ausnahmsweise in der Schule lassen. Auf dem Weg zur Bahn hätten wir uns also eigentlich leicht und frei fühlen können, zumindest vom Rücken her. Aber es kam mir vor, als würden tonnenschwere Gewichte an mir hängen. Nora und Su-ri, Paolo und Lucy schien es ebenso zu gehen. Langsam bewegten wir uns zum vereinbarten Treffpunkt.

Magdalena empfing uns an der Straßenbahn-haltestelle und runzelte die Stirn.

„Was ist euch denn über die Leber gelaufen?"

„Welche Leber?", fragte Nora.

„Sagt man halt so, wenn Leuten irgendwas Doofes passiert ist." Sie schaute uns teilnahms-voll an. „Was ist los? Hattet ihr Streit?"

„Nee", antwortete ich und wechselte einen Blick mit den anderen. War ja nicht gelogen. Streit hatten wir keinen gehabt.

„Na kommt, ich hab schon Tickets gekauft."

Wir stiegen in die Bahn und erwischten zwei Vierersitze, die einander direkt gegenüberlagen. So konnten wir alle zusammensitzen.

„Ich will euch ja nicht auf die Nerven gehen", sagte Magdalena, „aber ich merke doch, dass ir-gendwas los ist. Ihr könnt es sagen, wenn ihr wollt, okay?"

Wir nickten alle bloß. Ich sah Su-ri an und konnte richtig zuschauen, wie sie im Kopf unsere Fahrtroute auf dem Stadtplan nachzeichnete.

Die Straßenbahn verließ unseren Vorort und näherte sich der Innenstadt. Die Häuser rechts und links wurden höher, die Bahn stattdessen fuhr steil abwärts und verschwand schließlich im Untergrund, verwandelte sich in die U-Bahn und rauschte unterirdisch auf das Stadtzentrum zu.

Da bemerkte ich, dass Su-ri den Kopf hob und Nora leicht anstupste. Nora fing ohne Vorwarnung zu wimmern an, presste die Hände auf den Bauch und krümmte sich zusammen.

„Hey, was ist los?", fragte Magdalena besorgt.

„Bauchweh ...", stöhnte Nora.

„Musst du mal zur Toilette?"

Nora nickte heftig. „Ja ... ganz dringend."

„Okay", kommandierte Magdalena. „Alle aufstehen. Wir steigen an der nächsten Haltestelle aus und suchen ein WC."

Wir sprangen von unseren Sitzen hoch. Der Plan klappte ja perfekt!

Stickige Untergrundluft wehte uns auf dem Bahnsteig an.

Su-ri, die anscheinend wirklich den Weg auswendig gelernt hatte, flitzte schon zur Rolltreppe, die nach oben führte, wir anderen hinterher.

Da rief Magdalena: „Stopp, Leute! Wo wollt ihr denn hin?"

„Wir müssen ein Café suchen. Oder so was in der Art", erklärte ich. „Damit Nora da aufs Klo kann."

Anstatt einer Antwort zeigte Magdalena nach links. Ich folgte mit den Augen ihrem ausgestreckten Zeigefinger. Der bildete eine unsichtbare Linie zu einer Tür mit einem Schild: WC.

Wir hielten alle fünf inne und tauschten ratlose Blicke. Nora vergaß sogar ihre entsetzlichen Bauchschmerzen.

Su-ri versuchte, unseren Plan doch noch zu retten. „Aber vielleicht würde ihr die frische Luft guttun …?"

Da begann Nora zu weinen. Richtig heftig, es schüttelte sie geradezu durch. Ich war unglaublich beeindruckt, wie gut sie das machte. Alle Achtung! Sogar mit echten Tränen.

„Alles geht schief", schluchzte sie.

Magdalena nahm sie vorsichtig in den Arm, und mir dämmerte, dass Nora gar nicht mehr schauspielerte. Sie weinte in echt.

„Wir haben es doch nur gut gemeint", presste Nora hervor. „Aber es ist einfach alles zu kompliziert."

Wir bildeten eine kleine Traube um Magdalena und Nora, ohne auf all die geschäftigen Menschen zu achten, die mit Einkaufs- oder Aktentaschen an uns vorbeieilten.

Magdalena sagte: „Vielleicht wollt ihr mir doch erzählen, was ihr auf dem Herzen habt?"

Lucy räusperte sich. „Wir haben doch neulich mal über die Beichte gesprochen", fing sie an. „Da hast du uns erklärt, dass der Priester niemals weitererzählen darf, was man ihm anvertraut. Dass er es immer für sich behalten muss, egal was passiert, richtig?"

„Ihr wollt mir was beichten?"

„Nur wenn du es nicht weitererzählst", sagte ich. „Versprichst du das?"

„Hm." Sie überlegte. „Ich weiß ja nicht, worum es geht. Wenn es was Gefährliches ist, das euch bedrückt, oder etwas Verbotenes, kann ich es vielleicht nicht für mich behalten. Dann müsste ich ja was unternehmen. Aber ich verspreche euch, dass ich das nicht hinter eurem Rücken tun werde. Sondern dass wir gemeinsam versuchen, eine Lösung für euer Problem zu finden. Einverstanden?"

Ich nickte. Lucy auch. Dann Nora, dann Su-ri, dann Paolo.

„Versprochen?", vergewisserte er sich. „Du sagst nichts zu meiner Mutter, wenn ich das nicht will?"

Magdalena seufzte. „Nicht, wenn es auch anders geht." Sie sah Nora an. „Und deinem Magen geht es wieder gut, ja? Dann könnten wir ja ein Eis essen gehen. Ich lade euch ein, und ihr erzählt mir alles in Ruhe."

„Und was wird mit dem Dom?", fragte ich.

„Der steht schon seit achthundert Jahren da herum", meinte Su-ri, „da kann er noch ein bisschen auf uns warten."

Also fuhren wir nun doch mit Rolltreppe hinauf und tauchten in das Gewusel der Innenstadt ein.

„Dahinten kenne ich eine Eisdiele", sagte Magdalena.

Doch Su-ri zeigte auf die andere Straßenseite und sagte: „Schaut mal, das sieht doch auch sehr gemütlich aus."

Sie meinte ein kleines Café, über dessen Tür das Bild eines Einhorns hing.

Magdalena kniff die Augen zusammen und murmelte: „Warum hab ich das Gefühl, dass ihr von Anfang an den Plan hattet, in dieses Café zu gehen?"

Wir grinsten nur.

„Na, vielleicht haben die ja guten Chai Latte", meinte Magdalena.

Dann lotste sie uns übertrieben vorsichtig über die Straße. Eine kleine Glocke über der Tür bimmelte. Das Café war nur spärlich besucht. Gut so, da hatten wir vielleicht die Chance, die Bedienung ausführlich zu befragen. Aber erst mal mussten wir ja unsere „Beichte" ablegen. Wir setzten uns an einen großen runden Tisch.

Magdalena bestellte uns allen ein großes Eis und sich einen Chai-Irgendwas, dann hörte sie sich unsere Geschichte an. Wir erzählten von Luiz und wie er mit seiner Mutter im Untergrund lebte, wie Paolo die Karte von Ornella gemopst hatte und Catalina damit zur Zahnärztin gegangen war. Wie wir den Plan gefasst hatten, Luiz' Vater zu suchen, und wie der Schwindel mit der Karte aufgeflogen war.

Bevor sie etwas zu alldem sagen konnte, kam der Kellner und brachte eine große Tasse und fünf Eisbecher. Er war kein ganz junger Mann mehr, aber ich schätzte ihn trotzdem jünger ein als unsere Eltern. Wobei das bei Erwachsenen ja immer schwer zu sagen ist, die sind schließlich alle alt. Doch als er mein Spaghettieis vor mich hinstellte, durchzuckte es mich. Auf dem Tablett lag die Rechnung, die er Magdalena hinschob. Und auf der Rechnung stand ganz unten:

Heute bediente Sie: Jonas.

„Aua!", entfuhr es mir. Warum zur Hölle musste Lucy mir immer gegen das Schienbein treten, wenn sie mir ohne Worte was sagen wollte? Sie konnte mir doch stattdessen einfach auf die Schulter tippen.

„Hast du den Namen gesehen?", flüsterte sie aufgeregt, während der Mann sich mit dem leeren Tablett unterm Arm wieder entfernte.

Auch Magdalena schaute ihm nach und fragte leise in die Runde: „Ihr denkt doch nicht etwa, dass er Luiz' Vater ist?"

„Könnte doch sein", sagte ich.

„Okay, mal der Reihe nach." Magdalena nippte an ihrem Getränk, das vielleicht ein Tee war. „Lasst uns zuerst über Luiz' Mutter sprechen." Sie fixierte Paolo. „Das war eine sehr, sehr mutige Aktion von dir." Paolo strahlte. „Und leider eine sehr unnötige", ergänzte sie. Paolo stutzte. „Ihr konntet das nicht wissen", sagte Magdalena. „Aber ich kenne Leute, die genau solchen Menschen wie Luiz und Catalina helfen. Also sogenannten *Illegalen*. Wobei ich finde, dass das Wort Quatsch ist, denn *illegal* heißt ja *verboten*. Und Menschen kann man nicht verbieten. Andere sagen dazu: *Menschen ohne Papiere*."

„Aber warum unnötig?", hakte Nora ein. „Was sind das für Leute, die du kennst?"

„Ärztinnen und Krankenpfleger. Leute von verschiedenen Hilfsdiensten", erklärte Magdalena. „Sie treffen sich einmal pro Woche und behandeln kostenlos Menschen, die keine Versicherung haben. Niemand muss eine Karte zeigen, niemand wird nach seinem Namen gefragt. Catalina kann zu ihnen gehen und ohne Angst die Fäden ziehen lassen." Sie tippte auf ihrem Handy herum. „Wartet, ich suche mal die Adresse raus."

Auf dem Tisch lag ein Stapel mit Zetteln. Zettel, mit denen man Frühstück bestellen konnte! Und in einem kleinen Becher standen Bleistifte.

„Aua! Hör auf, Lucy!"

Lucy hatte es auch erkannt. Dieselben Zettel wie der, auf den Jonas vor zehn Jahren seine Nachricht an Luiz' Mutter geschrieben hatte.

Magdalena drehte den Zettel um und notierte einen Straßennamen mit Hausnummer darauf.

„Das gebt ihr Luiz. Seine Mutter soll morgen Nachmittag ab drei Uhr dort hingehen. Okay? Sie muss keine Angst haben. Wenn ihr wollt, könnt ihr sie ja wieder begleiten."

„Sorry …" Der Kellner stand plötzlich neben uns. „Frühstück servieren wir nur bis 14 Uhr."

„Ach, nein." Magdalena lächelte. „Ich muss nur schnell etwas notieren. Ist es okay, wenn ich den Zettel dafür benutze?"

„Klar. Machen viele." Auch über das Gesicht des Kellners huschte ein Lächeln. Er schaute in die Runde: „Schmeckt euch das Eis?"

„Ja", riefen wir im Chor.

„Prima." Er entfernte sich wieder.

Magdalena beugte sich zu Paolo vor und sagte: „Catalina bekommt Hilfe. Das ist das Wichtigste. Aber du musst dir überlegen, ob du nicht doch deiner Mama alles erzählen willst. Glaubst du nicht, dass sie vielleicht ein kleines bisschen Verständnis dafür hat?"

Paolo schaute auf seinen XXL-Schokobecher, den er entgegen seiner Gewohnheit noch kaum angerührt hatte. „Muss ich überlegen", murmelte er. „Vielleicht hast du recht."

„Tu das", sagte sie, dann schaute sie wieder uns alle an. „Nun zu Luiz' Vater. Ich finde eure Idee sehr schön. Aber ich kann auch Luiz' Mutter gut verstehen. Also warum sie nicht möchte, dass ihr nach ihm sucht." Sie drehte sich kurz zu dem Kellner um, der gerade hinter der Theke Gläser ins Regal räumte. „Und vermutlich ist er es nicht. Nach allem, was ihr erzählt habt, hat er vor zehn

Jahren als Student hier gearbeitet. Er könnte heute überall auf der Welt leben. Dass der Kellner dort drüben auch Jonas heißt, ist bestimmt bloß Zufall."

„Das müssen wir halt herauskriegen", sagte Lucy.

Magdalena schüttelte den Kopf. „Falls er es wirklich wäre, würdet ihr sein Leben ganz schön durcheinanderwirbeln, wenn ihr ihm von Luiz erzählt. Er weiß doch gar nicht, dass er einen Sohn hat. Und das Leben von Luiz und Catalina bringt ihr auch völlig durcheinander."

„Haben wir eh schon", meinte Nora.

Aber Magdalena entgegnete: „Sorry, ihr Lieben. Ihr wisst, dass ich euch gern unterstütze bei euren Abenteuern. Aber es gibt einfach Sachen, die muss man den Erwachsenen überlassen."

„Toll", brummte ich. „Genau, was die Jünger gesagt haben."

„Hm, was meinst du?" Magdalena sah mich fragend an.

„Na, die Geschichte, die wir mal besprochen haben. Als die Kinder zu Jesus wollten und die Jünger die Kinder weggeschickt haben, weil sie meinten, das wäre nur was für Erwachsene. Wisst ihr noch, was Jesus da geantwortet hat?"

„Nee, was denn?", fragte Nora.

Aber Magdalena wusste es natürlich. „Wenn ihr nicht werdet wie die Kinder", zitierte sie nachdenklich, „kommt ihr nicht ins Himmelreich." Sie zögerte einen Moment, dann stand sie auf. „Ich geh mal eben nach draußen. Ich muss kurz was ganz Erwachsenes machen."

„Ha, du willst wieder heimlich rauchen", rief Lucy. „Stimmt's?"

„So heimlich ist es ja jetzt nicht", erwiderte Magdalena. „Ihr habt fünf Minuten."

Damit verließ sie das Café.

Plötzlich war es still an unserem Tisch.

Jetzt oder nie!

10

MISSION ERFÜLLT?

Lucy traute sich und hob den Arm, als würde sie sich wie in der Schule melden.

Jonas, der Kellner, bemerkte es und kam zu uns.

„Wollt ihr noch was bestellen?"

„Nicht direkt", sagte Lucy. „Wir wollen Sie was fragen. Haben Sie kurz Zeit?"

„Na gut." Er setzte sich auf Magdalenas Stuhl und musterte uns neugierig. „Um was geht es denn?"

Lucy fragte: „Kennen Sie Catalina Ramirez?"

Jonas erstarrte. „Ja, aber das ist lange her …
Warum wollt ihr das wissen?"

Wieder herrschte Stille. Lucy schien nach den
richtigen Worte zu suchen.

„Aua!" Schon wieder hatte sie mich getreten.

Also gut. Ich nahm meinen ganzen Mut zusammen und sagte: „Ihr Sohn sucht Sie."

Jonas wurde bleich. Fast noch bleicher als Luiz
heute Morgen vor der Schule. Man konnte richtig
zugucken, wie alle Farbe aus seinem Gesicht verschwand.

„Mein … Sohn?" Sein Blick blieb an Paolo hängen. „Du bist …?"

„Nein, nein", sagte Paolo schnell. „Er ist nicht hier."

„Sein Name ist Luiz", sagte Lucy. „Er geht in unsere Klasse."

„Das ist ein …" Jonas fuhr sich mit beiden Händen durchs Gesicht. „In eure Klasse? Hier in der Stadt? Und ich hatte gedacht, Catalina wäre schon vor zehn Jahren zurück nach Kolumbien gegangen."

„Und Catalina hat gedacht, Sie wären ein steinreicher Manager von irgendeiner tollen Firma", sagte ich. Das hatte jetzt sicher ziemlich frech geklungen. War mir so rausgerutscht.

Aber er reagierte nicht beleidigt, er lachte. „Guck dich um, ist das etwa keine tolle Firma hier?"

„Doch, klar", sagte ich.

„Früher hab ich wirklich gedacht, ich will Manager werden", erzählte er. „Aber mir war dieser Laden so ans Herz gewachsen – und die damalige Wirtin suchte einen Nachfolger, als ich gerade mit dem Studium fertig war. Und irgendwie … na ja." Er schaute an die Decke, als liefe dort ein alter Film mit ihm selbst in der Hauptrolle. „Ein bisschen hab ich vielleicht all die Jahre auch darauf gehofft, dass Catalina noch einmal hier auftaucht. Damals war sie von einem Tag auf den anderen verschwunden. Spurlos. Die Handynummer funktionierte nicht mehr, in ihrer WG wusste auch niemand was, sogar die Polizei hab ich gefragt, aber keiner konnte mir was sagen. Alles, weil ich so blöd reagiert hatte an dem einen Abend. Als sie mir erzählt hat, dass sie schwanger ist … Ich hab mir so lange gewünscht, ein Lebenszeichen von ihr zu bekommen. Und jetzt, nach all den Jahren, soll ich plötzlich einen Sohn haben."

Dann sah er uns an, als wäre ihm erst in dem Augenblick wieder eingefallen, dass wir hier überhaupt saßen. Unser Eis schmolz dahin, keiner von uns aß auch nur einen Löffel, wir hatten ihm gebannt zugehört.

„Verrückt!" Er lachte. „Zehn Jahre hab ich niemandem von der Geschichte erzählt, und jetzt sitze ich hier und schütte ein paar wildfremden Kindern mein Herz aus."

„Tja", meinte Su-ri. „Wenn ihr nicht werdet wie die Kinder."

„Versteh ich nicht", sagte Jonas. „Ist das aus der Bibel?"

Wir nickten.

„Aha. Und mein Sohn heißt Luiz und geht in eure Klasse, ja? Glaubt ihr denn, er möchte mich kennenlernen? Das ist ja alles ein bisschen … weiß auch nicht. Es kommt etwas plötzlich. Und ich weiß gar nicht, ob ich das kann. Also mich auf einmal um eine Familie kümmern. Solche Sachen."

„Wissen Sie, was noch in der Bibel steht?", fragte ich. „Die Geschichte von Jona. Der heißt fast genau wie Sie. Der ist auch erst vor seinem Auftrag weggelaufen, und dann hat er sich doch noch drum gekümmert."

„Also hör mal", sagte Jonas. „Weggelaufen bin ich ja nun nicht. Obwohl … vielleicht sollte ich das alles lieber mit Catalina besprechen und mit Luiz. Statt mit euch."

„Wir können ja immerhin schöne Grüße von Ihnen ausrichten", schlug Lucy vor. „Wenn Sie das wollen."

Jonas zögerte. „Weiß sie denn davon? Catalina, meine ich? Weiß sie, dass ihr losgezogen seid, um mich zu suchen?"

„Nee", sagte ich, „sie wollte das auf keinen Fall, sie meinte nämlich ... Aua!"

Empört sah ich Lucy an. So feste hatte sie mich noch nie getreten.

„Raus damit", drängte Jonas, „was meinte sie?"

„Weiß ich nicht mehr genau", murmelte ich und wich seinem Blick aus.

„Ich verstehe schon", sagte Jonas mit dumpfer Stimme. „Sie möchte keinen Kontakt zu mir. Hab ich recht?"

„Bestimmt meint sie das gar nicht so", warf Nora ein.

„Wenn jemand keinen Kontakt zu jemand anderem möchte, muss man das respektieren", sagte eine Frauenstimme. Magdalena. Sie stand plötzlich an unserem Tisch und verströmte einen ganz leichten Zigarettengeruch. Wir hatten gar nicht bemerkt, dass sie wieder reingekommen war.

„Ich würde sagen, ihr habt eure Mission erfüllt", sagte sie. „Ihr habt Luiz' Vater gefunden. Alles andere liegt jetzt wirklich nicht mehr in eurer Hand." Sie sah Jonas an. „Das müssen Sie erst mal verdauen, denke ich. Und dann müssen Sie überlegen, wie Sie zu Ihrem Sohn stehen."

„Ja. Dass muss ich." Jonas erhob sich. Wie in Zeitlupe.

„Wir gehen dann mal lieber", sagte Magdalena. Wir standen alle auf, obwohl wir unsere Eisbecher gar nicht leer gegessen hatten. Magdalena kramte ihr Portemonnaie hervor, um zu bezahlen.

Jonas winkte ab. „Geht aufs Haus!"

Doch als wir schon an der Tür standen, rief er noch: „Wie finde ich denn Catalina? Also falls ich ... mich bei ihr melden möchte?"

Wir hielten inne. Natürlich hätten wir jetzt die Adresse von Luiz und Catalina auf so einen Frühstückszettel schreiben können. Aber damit hätten wir ja endgültig unser Versprechen gebrochen.

Spontan lief ich noch einmal zum Tisch zurück, nahm einen weiteren Frühstückszettel und kritzelte den Namen unserer Kirche auf die Rückseite.

„Kommen Sie einfach am Sonntag um zehn in die Messe", sagte ich.

„Finden Sie ganz leicht", ergänzte Su-ri.

Dann flitzten wir hinaus. Unter dem Bimmeln des kleinen Glöckchens fiel die Tür hinter uns ins Schloss, und wir standen draußen auf der Straße.

„Ich weiß nicht, ob wir unsere Mission wirklich erfüllt haben", sagte Nora. „Was ist, wenn Jonas sich nicht mehr meldet? Kann das Jugendamt ihn nicht zwingen?"

„Was ist ein Jugendamt?", fragte ich.

„Eine Behörde, die sich um Kinder und Jugendliche kümmert", antwortete Magdalena. „Und genau das meinte ich, als ich gesagt hab, dass es nicht mehr in eurer Hand liegt. Das ist eine komplizierte Angelegenheit, und da müssen sich nun wirklich Erwachsene drum kümmern."

Ich wollte etwas erwidern, aber mir fiel leider kein Gegenargument mehr ein. Ich will auch gar nicht sagen, dass ich uns für irgendwie schlauer halte, also für schlauer als Erwachsene. Nur – es gibt so Sachen, da verstehen Erwachsene einfach nicht, worum es wirklich geht. Wie in dieser Bibelstelle mit den Kindern. Aber im Moment konnten wir tatsächlich nichts mehr machen, als auf Sonntag zu warten.

11

HÄLLELUJA!

Eigentlich fand ich Sonntage meistens doof. Samstags kann man ja ausschlafen und darf abends lange aufbleiben. Sonntags muss man früh ins Bett, und richtig ausschlafen kann man auch nicht, jedenfalls seit wir Kommunionkinder sind und zur Messe gehen. Also ich finde die Messe ganz okay, nicht so langweilig, wie mein großer Bruder sagt. Aber so richtig spannend ist es ja auch wieder nicht. Zwar sagt Magdalena, dass in der Messe das Allerwichtigste passiert, weil sich da das Brot in Jesus verwandelt. Das versteh ich schon, aber es fühlt sich gar nicht so sensationell an, wie es klingt. Wenn wir in unseren Gruppenstunden eine Geschichte lesen oder diskutieren, basteln oder was Wildes spielen, kann ich mir das mit Jesus jedenfalls besser vorstellen als beim Sitzen in diesen Holzbänken.

Klar, an diesem Sonntag war das total anders. Wir waren alle ziemlich aufgeregt. Also Lucy, Nora, Paolo, Su-ri und ich und vor allem natürlich Luiz, dem wir inzwischen alles berichtet hatten. Und der nun während der Messe mit uns in unserer Reihe saß. Als Kommunionkinder sitzen wir immer ganz vorne, damit wir den freien Blick auf alles haben, was am Altar passiert. Doch an diesem Sonntag wussten wir, dass das Entscheidende in unserem Rücken geschehen würde. Darum konnte ich der Versuchung einfach nicht widerstehen, mich immer wieder umzudrehen.

„Herrr, errrbarrrme dich!", sagte Pastor Sharma. Er rollt das R so, dass es klingt wie bei einem Rockstar.

„Herr, erbarme dich", wiederholten wir alle, und ich drehte mich schnell mal um.

Von Jonas keine Spur. Dafür blieb mein Blick an Ornella Sabatini hängen. Sie blinzelte mir kurz zu. Ein gutes Zeichen.

Paolo und ich hatten es nämlich getan. Wir hatten tatsächlich Paolos Mutter gestanden, dass wir ihre Versicherungskarte stibitzt hatten und wozu. Natürlich haben wir keine Namen genannt, nicht den von Luiz und nicht den von Catalina, wir hatten nur erzählt, dass wir der Mutter eines Freundes in einer Notlage helfen mussten.

„Chrrristus, errrbarrrme dich!"

„Christus erbarme dich", antworteten wir.

Ich guckte mich wieder um. Paolos Mutter war komplett sprachlos gewesen. Weder wütend noch verständnisvoll, einfach nur stumm hatte sie uns angesehen. Und dann hatte sie was gesagt, was Erwachsene eigentlich nie sagen: „Also … dazu fällt mir jetzt echt nichts ein." Und dann hatte sie hinzugefügt: „Ich hätte mir gewünscht, dass ihr mich vorher fragt."

„Aber dann hättest du vielleicht Nein gesagt",
hatte ich erwidert.

Da hatte Ornella gelacht und gemeint: „Ja, vermutlich."

Und dann war das Gespräch schon zu Ende gewesen. Ohne Anmotzen oder irgendeine Strafe für
Paolo.

„Herrr, errrbarrrme dich!"

Wir wiederholten es, und ich warf Paolos Mutter noch einen Blick zu. Diesmal bemerkte sie es
nicht, weil sie sich ihrerseits in der Kirche um-
sah. Als würde sie jemanden suchen. Schließlich
blieb ihr Blick an Catalina hängen. Luiz hatte seine Mutter nämlich heute mitgebracht. Sie stand
ganz hinten und hatte sich ein Seidentuch um den
Kopf gebunden, als könnte sie sich dadurch un-
sichtbar machen. Ornella runzelte die Stirn. Lucy
zupfte an meiner Jacke. Ich hatte gar nicht drauf
geachtet, dass sich alle hinsetzten. Also ließ ich
mich schnell auf der Bank nieder. Immerhin hatte
sie mich zur Abwechslung mal nicht getreten.

Am letzten Mittwoch hatten wir Kinder Catalina zur Sprechstunde der *Migrantenmedizin*

begleitet. Ziemlich schwieriges Wort, es stand auf einem kleinen Zettel an der Tür in einem Hinterhof. Catalina hatte richtig Schiss gehabt. Luiz nahm sie an der einen Hand und Lucy nahm ihre andere Hand, und so sind sie durch die Tür marschiert und wir anderen hinterher. Die Leute dort waren unglaublich nett. Genau wie Magdalena gesagt hatte, fragten sie nicht nach dem Namen, wollten keine Karten oder sonst was sehen und verlangten schon gar kein Geld. Eine freundliche Zahnärztin versorgte die Wunde von Catalinas Weisheitszahn, danach checkte sie auch Luiz einmal durch und dann Su-ri, die sich einfach aus Spaß dazu gemeldet hatte.

„Kann doch nicht schaden", meinte sie.

Wir anderen lehnten dankend ab.

Zum Schluss sagte die Zahnärztin noch, dass Catalina und Luiz jederzeit wiederkommen könnten, egal wegen was, es gäbe auch einen Kinderarzt und Ärzte für alles mögliche andere.

„Hälleluja", sang Pastor Sharma. Auch das klang wie bei einem Rockstar.

Wir erhoben uns und sangen mit: „Hälleluja."

Auf einmal stand Magdalena neben mir, die sonst zwei Reihen hinter uns saß. Sie beugte sich zu mir und flüsterte: „Egal, wie oft du dich umdrehst, du kannst ihn nicht herbeizaubern."

„Hä?", machte ich, obwohl ich genau wusste, was sie meinte.

„Selber hä." Sie grinste und ging wieder zurück an ihren Platz. „Hälleluja."

Sie hatte ja recht. Und ich versuchte, mich ab jetzt nicht mehr andauernd umzudrehen. Wäre ja doof gewesen, wenn ich dadurch am Ende noch irgendwie die Leute auf Catalina aufmerksam gemacht hätte.

Doch dann, nach dem Vaterunser, kam die Stelle der Messe, wo man sich auch ganz offiziell umdrehen darf.

„Derrr Frrriede sei mit euch", verkündete Pastor Sharma mit strahlendem Lächeln. „Gebt euch ein Zeichen des Frrriedens!"

Wir begannen, einander fröhlich die Hände zu schütteln – den Leuten neben uns und den Leuten hinter uns. Und als mein Blick durch die Reihen nach hinten ging, sah ich es.

Catalina! Sie stand nicht mehr allein da. Sie hielt jemanden an der Hand. Jonas!

Und in Jonas' Gesicht schimmerten Tränen. Das konnte ich sogar auf die Entfernung erkennen. Ich wollte Luiz anstupsen. Aber ich ließ es bleiben. Die Messe wäre bald zu Ende, dann würden wir alle nach draußen gehen und er würde endlich seinen Vater treffen.

Doch wenigstens Lucy konnte ich darauf aufmerksam machen, dass die Koki-Bande mal wieder eine Mission gemeistert hatte. Ich schwenkte mein Knie zur Seite und trat Lucy ganz sachte gegens Schienbein.

Das wollte ich schon lange mal machen.

Die Koki-Bande ermittelt

144 Seiten I Gebunden
ISBN 978-3-451-71616-4

Der reichen Witwe Hohenstolz wurde das Portemonnaie geklaut. Die
vier Freunde Paolo, Lucy, Valentin und Su-Ri haben sofort einen
Verdacht. Sie beschatten den vermeintlichen Täter – und nebenbei
versuchen sie, die Frage zu klären, warum ihre Mitschülerin Nora sich
urplötzlich von der Kommuniongruppenstunde abgemeldet hat. Als
alle Spuren in das Hochhaus führen, in dem Nora wohnt, scheint die
Sache klar! Aber dann ist alles doch ganz anders als gedacht …

In jeder Buchhandlung!

HERDER

www.herder.de